JN065138

人と人との関係
音楽療法 実践論

心の傷み・身体痛に届く音楽

小山美保
師岡宏之 著

晃洋書房

INTERPERSONAL RELATIONSHIP

"A practical theory of the Music Therapy" -Music for persons who feel a pain in their body and mind-

まえがき

本書は、音楽療法というセラピィ実践にたって記述し、実践から生みだした考え方に基づいた「実践論」です。したがって、文献の引用はありません。

メロディーをことばで概念化することは難しいのですが、主観経験に基づくと、音楽は本来、個人の経験の領域のものです。しかし、本書においてはややひろげて、音楽がこころの傷みだけでなく身体痛に及ぼす働きについても記述しています。私（師岡）の経験において、頭痛及び腰や関節の痛みに及ぼす音楽の作用について、クライエントから学んだことでもあります。

腰の痛みにこの音楽、首の痛みにこの音楽、というような対処療法的なものは発見できませんでしたが、ある種の音楽が幅広い身体痛に対して有益であることや、ある種の心的状態にショパンのノクターンが有益なことを実践的に感じました。

それ以来、クライエント個々人の傷み（痛み）と音楽の関係を探求してまいりましたが、この傷み（痛み）、この苦しみにこの音楽というような因果関係はないことがわかりました。しかし音楽が人間の諸症状の改善に、有益な効果を発揮することを実践的に学びました。どういう痛みに対しても、その人の内的体験に着目して、その人全体への援助という発想で音楽を創る、そしてセラピストもクライエントも、その共有感をもって対話することが大切であるとわかりました。最近の傾向として音楽療法士は、対話力、場面を創造する、この2点において、より事実に立った学びが必要なのではないでしょうか。

本書に述べた内容は、ここ数十年に及ぶ体験の記述です。そして障害をもつひとへの効果も顕著なので、紹介いたしました（主に第4章）。

本書は、人とかかわる実践をされている方々、例えば特別支援教育に携わる方々や、施設での音楽療法の実践者、または個人的な志をもって実践されている方々に読んでいただけたら、と願っております。また、音楽療法ということばに惹かれて、自分なりの実践をされている方々にとっても、新しい発見につながる案内書としての役割を果たせたら、と思っております。

直接実践されていない方々にとっては、音楽療法ということばの意味する内容が、さまざまな取り組みへのヒントになり得れば、私たちの望外のよろこびです。

人間関係は、音楽のみで形成されるものではありません。人と人との対面しての対応反応そのものに深い意味があります。

第一は、相手の感情経験を最高に尊重するということ

第二は、今の感情経験を手がかりに前進するということ

第三は、感情経験の中心を感じとるということ

です。本書は、人と人との関係の記述です。同時に音楽がその関係に及ぼす影響について、私たちが知った事実を記録したものです。一般に音楽についてはさまざま言われていますが、一般的通俗概念と、私たちが経験した個有な音楽体験とは異なります。本書で具体的に、その事実を記述いたしました。願わくば、世間知を超えた音楽知を、ぜひ知っていただきたいと願っています。

記述は、師岡宏之と小山美保の協働しての執筆となっています。当初小山が師岡から「音楽療法について書きなさい」と言われて、セラピストの基本姿勢である「待つ」から書き始めたことがきっかけです。その後は思い浮かぶテーマのままに、セラピィで学んだことや大切なこと、心動かされたことなどを書き進めました。その記述を師岡が見て、書き足りないところは師岡の口述筆記となりました。そのようにして交互に書き足していくうちに、お互いの経験がテーマを通して交じり合い、相手の表現に触発されて、また新たな記述が生まれるというような、協働作業が基盤となって本書が出来上がりました。

小山は音楽大学でピアノを専攻した後、師岡カウンセリング研究所で、師岡（スーパーバイザーとして）同席のもと、音楽療法を学びました。そのため本文中では、師岡先生、小山さんといった表記が出てくることがあり、読者に少なからず混乱が起こることがあるかもしれませんが、この点どうかご理解いただいたうえで読み進めていただければ幸いです。

私たちは数十年に及ぶセラピィ実践を通して感じ得た（了解した）音楽療法

に関する体験的事実に依って、その見解をできる限り詳細に伝えることを心がけて執筆いたしました。けして専門書としてだけではなく、人間関係や「人間って何？」と考える方々にとっても、実践的な観方を提供し得るものと信じております。人と人との関係や、人の内面の展開の可能性に触れておりますので、音楽療法の実践者、また音楽療法に関心を寄せる方々の心の窓を開くことにつながれば、と願っております。

本著が皆様にご活用されることを切に願っています。また心理臨床の場において音楽の意味を模索している方々の、考えるきっかけになれば幸いです。

小山美保
師岡宏之

目　次

第1章　音楽療法論

I　私の実践的音楽療法論

師岡宏之

はじめに

本章は、故高島恭子さん（元師岡カウンセリング研究所所員、日本音楽療法学会認定音楽療法士）の音楽療法の体験である。高島さんは、2012年の8月から2013年3月末日の間に9回のセッションを、石村真紀先生（日本音楽療法学会認定音楽療法士）にセラピストをお願いして、クライエントとして音楽療法を体験的に了解したいとの願いをもった。高島さんはセラピストとして、クライエントがどのように感じ、どのように味わい、どのように変化するのかを、自身の体験をもって明らかにしようと試みた。

セラピストがクライエント体験をするということは、セラピィにおいては貴重であり大切なものである。多くのセラピストの方々に伝えたいのは、クライエント体験をもってごらんなさい、ということである。セラピストとして外からみていたのでは届かない、いろいろなことに気づくであろう。

第一は、混迷感の深さである。第二はセラピストとの一致感を求める気持ちがあっても、なかなか実現しないこと。第三は、自分を発揮する体験が、セラピストには届いていないこと。これら三つの事実を要約すると、セラピィとは困難な作業であり、クライエントに届く音楽と同時に、クライエントへ届く作用力は特殊な能力がないと届かないという事実である。ここでいう特殊な能力とは、音楽に一体化すること、クライエントの感情体験に一体化することである。

これは何を重視することで可能になるかというと、「みて、きいて、応ずる」というこの三要素に尽きるのである。みて、きいて、応ずるとは何か。応ずるとはどのような作用か、以下に高島さんの記述をもとに、具体的に述べる。

高島さんは、この体験を基に振り返ってみて、あれこれ思ったこととして以下のように自身の体験記を要約している。

⑴　自分の気持ちを音で表すことは難しい
⑵　自覚していない自分のはたらき
⑶　関係――クライエント、セラピスト――について
⑷　最初の動機に戻って

私は自身のセラピスト体験を基に、音楽療法についての基本的なとらえ方を紹介するにあたって、高島さんが残された手記の記述を底辺におきながら、私の体験的に了解した事実を加え、以下に記述していくことにする。なお加えるならば、私の実践に於いてはミュージックセラピストは小山美保さん（本書共同執筆者、日本音楽療法学会認定音楽療法士）が担当している。小山さんとクライエントの関係下に生れ出たクライエントの自己再体験過程を基にして、以下に私論を紹介しようと思う。

1　高島さんの体験記――要約して――

高島さんは自身の音楽療法体験を手記としてまとめている。それによると、クライエントの音表現には二通りあるというのである。
⑴　そこに在る楽器をなんとなく、たたいてみたいというような入り方
⑵　何度か回を重ねるうちに自分の気持ちを音で表したいというような明瞭な表現者として

というように、セラピィ場面での楽器の表現動機の変化を体験的に記述している（＊以下高島さんの記述の引用は「　」とする)。続けて、自分の場合には動機としては、「最初から自分の気持ちを表現したというところからスタートしたが、稚拙な表現力しかないので困難であった」と記述している。それは「「表現したいと自覚していること」と「表現できていること」の差が相当ある」というのである。

高島さんは、それ故に「居心地の悪さを実感し、その居心地の悪さを解消しようとして音を出す自分がいた」と記述している。さらにクライエントの立場

になれば、自分の気持ちを感じとろう、表現しようとその一致にむかって試みる過程に、「ひとつの意味があるように思う過程」と実感的に述べている。

私の了解的私見では、クライエントの内的一致としての充実性に意味が生れてくるのは、相当回の回数を経てからである。クライエントにとってはセラピストとの音の交流感よりはむしろ、心理的な体感としての交流感、即ち人対人として自由とまではいかないまでも、社会的現実的生活とは異なる得体のはっきりしない交流感にセラピィの場の特色と、音と音のコミュニケーションを見出しているのではないかと考えている。

2　高島さんのクライエント体験

高島さんの記述は続けて、「「音の意味」ではなく、セラピストの音を聴くというのは、セラピストを感ずる、即ち他者を感じるというもうひとつの意味がある。つまり「感じようとする自分」が育っていくことに意味がある」という見解が述べられている。

同様に「セラピストも、クライエント像が明瞭になり、直観的なひらめきが生れ出て、クライエントの内面に深くとどく音楽が生じ、セラピストその人と音楽が一緒になってクライエントにとどく。それは体験的に９回目のセッションで自分が求めている音として、またセラピストの生み出す美しい響きとしてとどけられた」と述べている。

即ち、音によるコミュニケーションには数回の初期場面、クライエントにとって人に関心を向け感じとろうとする段階から、試行をくり返し、８～９回目あたりにセラピストその人、並びにその人が創り出す音の響きに感動的な一致感が生れる、という段階的過程論となっている。

段階的過程論に続き、自身の内面の変化について以下のような記述がある。

①　自分の内的な働き

「セラピストとの音による交流が続くと、自分の気持ちの表現にこだわらなくなり、そのセッションのその場、その時の自分を表現するように変化が生れる。「後で思い返すと何だかそうなってしまった」と。別言すれば自然にそうなってしまった」とも記されている。

その即応性こそ、人が現実に生きるということではないだろうか。

「思わずうっ積しているエネルギーを発散させるように打楽器を打っていたり、思わずやさしい気持ちになって音を出していたりしていたと思う。また自由になって創造的なエネルギーが働いていたといえるかもしれない。ほとんどが自覚的でなく自然に生れ出る働き」だというのである。

自身の「６回目の録音を聴き、自覚していない自分でそれなりに音を出しセラピストの音に応じ、交流しながら演奏している自分に驚いた。自覚してない自分の働きを信頼していいと思った。同時に枠を越えさせてくれるとしかいいようがない」とも記述している。

私はここにこそ、セラピィの体験の本質があると了解した。高島さんは、「自覚できる私と自覚できない私とのバランスがとれるところがセラピィだと思う」と記述している。私はこの記述は展開過程そのものを述べていると思う。同時に、自己再体験の過程を述べていると思う。

自己を知るとは、自覚できない自分を明瞭に自覚し、概念化して言語化できた時の自己像であると思う。

3　関係について

高島さんはセラピストがその場に居るということについて、「クライエントとしての自分が「その場、その時に任せて音を出すことができるのは、セラピストによるところが圧倒的に大きい」」。また「私が自由な気持ちになってどんどん前進していく感じを味わいながら音を出せるのは、セラピストがそのように応じ演奏してくれているからである。自分ひとりで気ままに音を出す「自由」とは違う。相手（セラピスト）が居て、ある調和を感じながら自由に進んでいけるのは最高の関係にいるということである」とその相互の交流感を高島さんは述べている。

私はこのことを相互の心理的交流と呼んでいるが、高島さんの記述はその交流感の中で味わう内容が明瞭に述べられている。

①　セラピストの機能について

次に、高島さんはセラピストとの調和ある関係の中で、「自覚していない私がよく機能しているところに音楽療法の意味がある」あるいは「よく機能するようにセラピストが働きかけてくれるところに意味がある」とも述べている。

この２つはセラピストの機能について体験的に記述しているのであるが、続けて「自覚的でなく音を出している際に、セラピストが応じてくれる音楽に新しいイメージを発見したり、自分の内のある感情を再発見する時もある。それは心地よさであり、新しいイメージに導かれる喜びでもある」と明記している。

この関係下で経験する内的なところは、クライエントが明らかにしてくれなければ、明瞭にはならず、私がセラピストとして経験して了解したところのクライエント体験そのものと深く結びつくところでもある。

②　関係感

高島さんのセラピスト、クライエントの関係感の進展については以下のような記述がある。

「セラピスト石村氏とは初対面でなく、仕事上のお付き合いが中心だがかなりの年月を続けてきたにもかかわらず、セラピスト、クライエントの中核的関係が生れるのに５回という回を重ねた。一般的に療法というところから考えてみると、４回までは初期の大切な段階にあたる。私の場合は「今までにない新しい」「これだという中核的な経験を求めたので５回で中核的、大きく転換できる経験（セラピストに対して積極的な気持ちをもつ）」を味わった」。

さらに初回から４～５回までの過程は「課題は個別的にそれぞれのクライエント独自なものであろうが、試みながら、模索し、何を経験することが中核なのかも描けずに、もやもやしながら歩む、実感的中核的経験に向かう、セラピスト、クライエントの助走として、大切なのであろう」という記述が、私には体験的に了解できるところでもある。

③　進展過程

５回目以降のことについては、高島さんは、「転換的な経験をした後、私はその経験を確かなものにしたいという気持ちが起こり、違った即興演奏を試みてみた。セラピストもそれに応じてくれたことで、関係もより確かなものとなり、自由感と楽しさが増した。ピアノに進んだり、声で自分を表現したりすることに挑戦したり、微妙な新しい感情、自分の中に眠っているかもしれない感情や情操を感じとれるかもしれないと思った。

さて、ここまで書いてきて、クライエントである私が求めていることは、よく言えば目的的、自己実現的であるが、悪く言えば自己中心的に自分が求める経験が実現することを求めていることに気づいた。実際にクライエントは、自分が求めていることが実現することをセラピストの求めているのだろうが「よくなること」を求めて、療法に求めて来るのだろうから、第一に求めていることは、そうであろう」。

高島さんの記述では、関係の進展の段階的展開にはふれていない。

私はこれらの記述から

第１回〜第３回ないし第４回　……　関係の成立期
第４回〜第５、６回　……　肯定的発展期
第７回〜第９、10回　……　内面的展開期
第11回以降〜　……　問題解決期・独自な個性の展開期

ともいう、展開の進展過程を発展的、潜在的自己を実現しながら、自身を再体験していくのがセラピィの過程であろうと思う。

4　手記の感想から

高島さんの手記は、

「最近の私は「人は本当にひとりひとり違っている」という当たり前のことを再発見している。「この人がそう感じたり、行動するのは、この人なりの必然があるに違いないから——」と思い関わりを持っている。私も「他の人からそう思われているであろう」と思っている。

音やことばにも一層耳を傾けて、聴こうということも続いている。青春時代のひりひりとした傷み易い感受性とは違う感受性が育っている」

という記述で終わっている。この感性の活性化こそ、人が人を肯定的に受け容

れることができる力、或いは能力とでも言っていいものではないと、私は納得するのである。高島さんの残してくれた体験記を、私は以上のように要約してみた。

感謝しつつ、以下に私の音楽療法論を述べてみたい。

5　まとめとして――解説――

セラピィを自ら体験して、クライエント体験をもって、セラピィを了解しようとした高島さんの記録は貴重である。この高島さんの体験記録から以下のようなことが明らかとなる。

⑴　クライエント体験の全体像は、自己の経験の再体験過程であること
⑵　再体験過程の中心は、その人の人生の中核的な経験であること
⑶　このような自己体験に至るプロセスは、
　①不統合感、つまり自分の経験に一致しない
　②今の自分の適応する音楽表現、もしくはセラピストの音楽に誘発されること
　③そこに至るには、４回目のセッションがそれぞれのクライエントにおいて、それ以降の展開に結びつく中核的体験となること
⑷　自分の内部経験と音表現の一致（音楽を聴く場合にも）内部経験と一致したセラピストからの音楽であること、この一致感が心理的交流を生むこと
⑸　したがって
　①１回目～３、４回目までの過程は、自己の中核に至る前段階であること
　②３、４回目を過ぎて、音楽体験がクライエントの中心的な過去の経験、再体験であること
　③この再体験を契機として、発展的な自己再体験の過程が展開する
　④全体的な統合的な再体験、もしくは今を生きる自己を体験すること

以下に述べる、私の音楽療法論は、高島さんのみにあらず、その他のクライエントに共通する上記のようなクライエント体験をもとに構築された、音楽療法論である。これは、心理的な交流を中心とする、音楽療法論が基盤であるが、

それは合唱を中心とする音楽療法や、機能回復的な音楽療法等々に共通する、基礎的な要素を含む音楽療法論である。これから私の体験的な音楽療法論を述べていく。

Ⅱ　実践の場に生きる音楽療法論

1　心理療法としての音楽療法

私が以下に述べることは、音楽療法のひとつのジャンル、即ち心理療法としての音楽療法論である。

療法というのはセラピスト、クライエントの関係の構築からスタートする。音楽療法はそこに音楽が介在し、クライエントの内的経験に触発的にかかわり、有益な方向への促進性が期待され用いられている。

私はひとつの事例として、上記で故高島恭子さんのクライエント体験に基づく記述を紹介した。それを読むと、関係の形成、クライエントの内的経験の特色、展開過程、及びもたらされる効果等々、明瞭にされている。

あらかじめ、これを読むことで以下に展開する私論の了解の一助とされることを願っている。

音楽療法はクライエントとの関係をどう構築し、しかもその関係下でクライエントが防衛的な緊張から解放されて、音楽を触発的、促進的、或いは沈静的に経験し、セラピストとの関係において心理的な安定を得て、自身の潜在的なものに気づきながら「自身を再体験する過程」である。

クライエントとの関係の構築に際しては、クライエントが常にセラピストに向けている心の構えに含まれる防衛的不安に対応する姿勢が重要である。

セラピストはさまざまな場面（対面する場面、表現する場面、「間」という時間の流れ等々）に安定的に、即ち一定の心理的な距離を保って、クライエントの自己表現に応ずることが必要である。

応ずることは、自然に自身の直感的[*]対応であるが、直観的[*]にというのは、解釈や理屈でなく、自身の素直な気持ちの表現である。即興的な音を介するのも、声による対応でも、言語による場合でも、自身の感じとれることに対する素直な反応である。ひとつ配慮することは、時間的な間(ま)である。

＊　直感的とは、「見て感ずる」こと。端的に言えば、見た感じ。
　　直観的とは、「内的に観る」こと。端的に言えば、了解的に、となる。

するとクライエントは、安定的な方向へと気持ちが流れ出し、音表現でも、身体的な表現でも、促進的な方向へと流れ出すのである。

この安定感を手がかりとして、表現活動が流動的に変化する、その機を生かしながら、セラピスト、クライエント間の防衛的緊張感が薄れ、ある種の強い情動感が生まれる。

関係の構築とは、二者間の心理的交流感なのである。これを土台として新しい二者間の心理的交流を創造するのである。

次に私が実践の場で大切にしていることは、展開をクライエントにゆだねていることである。即ち、セラピストとして自身が安心できる状態に早くという気持ちを完全に棄てて、クライエントその人にゆだねることである。

セラピストは経験を積み重ねて、ある成功的体験を持つまでは、クライエントその人を感じ、その場の展開力を十分に感じとり、ある方向に、即ち自身の潜在力を発動する力を持っていることを、確信できないのである。よって自身とクライエント間の心理的な流れを——葛藤や方向性——を感じとれない場合が多いのである。

例えば心理的な葛藤——それは高島さんの記録にも明瞭なように、明らかに生じている事実なのである。しかし、この葛藤体験がクライエント自身のある展開力の母胎であることは、明らかであろう。セラピストの、信念的な、としかいいようがないが、態度を保持することである。

次に大切なこととして、セラピスト自身を表現することの重要性を、私は強調したい。

クライエントが明瞭にセラピストその人を、またその人が奏でる音楽を感ずることが、葛藤や防衛的な気持ちを含みつつも、ひとつの方向を生み出す契機となるのである。

以下では展開が、セラピスト、クライエントの相互交流を形成し、クライエントが自分を再体験する交流関係の展開、及びその過程の特色を記述しようと思う。

さて、この文脈に沿って、クライエントの自己再体験を取り上げてみたい。

＊ 下記表記について
Fはクライエント、Mは師岡の発言である。数字は、この日のセッション全部を通しての各人の言語表現の通し番号である。

〔例1〕自分の中に自己否定感が形成される

M29：もっとはっきり言おう　父親とか　姉さんとか　母親とか　という役割が違う人たちが　それぞれの目で　ある否定感を表現してきた
F51：否定され続けてきた
M30：否定され続けてきた
F52：でも父も母も他界してしまって（うん）
M31：だから厄介　言い返せない
……沈黙15秒……
F53：つらいですね
M32：うん　つらいだろう
……沈黙20秒……
F54：うん　そうですね　口で言い返せない
M33：口で言い返せない
F55：返せなくて（うん）　心の中で爆発するほど反発してたんですけど（うん）　言葉に出すことできなくて

〔例2〕ぐさっと刺さる

M42：いや広げてごらん
F64：やっぱり心にすごく刺さっているのは　親に　前科者*だと
M43：うん　あぁ前科者だ

F65 ：あれはぐさっと刺さった　きっともう取れないですね　その目でずっと見ている

M44 ：自分を前科者と見ている

＊　前科者という表現は、親の意に沿わない、という意味。

〔例3〕転換のきっかけのひとつ（対話で視点の転換のきっかけ）

A70 ：でも先生が　そういうふうに親が周りがそういう目で見ていたとしても　あなたが自分の信念っていうかこれだと思ってやってきたことなんだから　堂々としてていいんだよって

M49 ：うん　私言ったね

A71 ：言われました　あの時　あっと思えた　もっとあっと思えればいいんだけれど

M50 ：そのエネルギーをね　蓄えていったらいいかなと思いますね

2　音楽の心身に及ぶ効果

音楽の心身に及ぶ効果については、山松質文著『ミュージックセラピィ』（岩崎学術出版社、1966年）に述べられているが、他にも代表的なものとしては、松井紀和、村井靖児等の著書*にも明らかにされている。

＊　松井紀和著　『音楽療法の手引』牧野出版、1980年。
　　村井靖児著　『音楽療法の基礎』音楽之友社、1995年。

私が自身の実践において明らかになったことをいくつか紹介すると、最近では三沢典子（茨城キリスト教大学看護学科）の卒業論文（2019年）になった血圧の測定研究がある。音楽療法下におけるクライエントの血圧は、平均20の低下が認められた。また大多数のクライエントに沈静作用、促進作用、転換作用等が認められた。これらの効果的作用は、クライエント自身の言語表現を伴い、セラピストも対面していて明らかに感じとれた事実なのである。機器を用いての測定は、セラピィ下において困難なので、数値化して得てはいない。

表 1-1　セラピスト、クライエントの協働的展開過程

段階	回数	過程の特色
1	1～4	防衛的。試みる。興味中心に。
2	4～6	安定した交流感の形成。明瞭な再体験化が起こる。
3	7～10	展開的。前進的。
4	11 回以降	クライエントの期待感が中心に進展していく。

3　音楽の影響力の特色過程

クライエント、セラピスト間に安定した促進的意欲が伴う関係が形成され、それの過程が継続すると、特色のある展開過程が生れる。大多数のクライエントの展開過程を要約すると、〔表 1-1〕のようになる。

私はこれまで述べたようなことを、クライエントの「自己再体験の過程」と了解している（呼んでいる）。

第2章　音楽療法論に至る実践例

Ⅰ　クライエントＦさんが述べるセラピィ体験の中核

――その過程を含めて――

師岡宏之

セラピィ体験の中核は、クライエント体験です。したがってクライエント体験のひとつとして、第１章では故高島恭子さんの手記を引用しました。そこには個性あふれるものがありますので、読者にも読んでいただきたいという気持ちからです。

クライエント体験は、非常に個別的、個性的で、それぞれの特色があり、時に個有な言語表現で語られます。ですから私たちの見解を読む前に、まずクライエントＦさんの体験を読みとってください。クライエントＦさんは明瞭に、自身の体験を表現しています。そしてセラピィの核心に触れています。

読者の皆様が、自由にお読みください。

音楽療法下でのクライエントの再体験過程

――Ｆさんとの音楽療法での対談――

＊　下記は、記録より抜粋。この日のセッションで、２回目の演奏、２回目の対談から。

下記表記について　対談逐語のＦはクライエント。（　）内は表現者に対して対面者が応じていることば。

数字は、この日のセッション場面での言語表現における各人の通し番号である。

〔演奏２〕ショパン　バラード第１番　56〜61小節、64〜82小節４拍目まで

〈約２分〉

〔対談２〕

……沈黙25秒……

F24　：先生（はい　はい）今　すごく生きててよかったなって（うん）　あの苦しかったこととか　……沈黙10秒……　自分を消してしまいたいと（うん）思った感情とか（うん）　そういうような　なんかなくなったと思う

師岡23：何をきっかけとして

F25　：なんか……

師岡24：転換

F26　：転換（うん）ここでの　この場所

師岡25：この（はい）音楽（で）と対話（対話）

F27　：音（うん）　じかに

師岡26：音を浴びる

F28　：すぐ入ってくる　音（うん）それがだんだんなんか

師岡27：自分に

F29　：なんかもう　浸透してきて（うん）今言いました　とけていく状態っていうか（はあはあ）

師岡28：浸透して　とけていく

F30　：そういう感じを経験したときに（うん）　私の生まれ育った環境　親周囲の肉親とか　そういったものに対する　私なりの偏見っていうか否定的な

師岡29：自分が否定されたことで　否定した周囲の人に　自分も拒否　攻撃（うん）で　直接表現はしないけれど　（はい）

F31　：私なりの　大きな反発をしてみたりとか（うん）嫌がらせをしたりとか（うん）その都度すごく嫌な気持ちになって

師岡30：けして　静かな気持ちではなかった

F32　：ないんです　余計に気分が悪くなって（うん）こういうことをやってる自分が情けなくなって（うん）だけどやめられないという（うん）そういったことの繰り返しが　起きていましたね

師岡31：子どもの視線も　自分を冷ややかに（うん）

F33　：私を責めてるんだなぁ（うん）　子どもが子どもなりの不幸を感じたときには　みんなお母さんのせいだって（うん）いうんですか　なん

かそういった感じで　びしびしと刺さってくるような思いは　何度もしましたね（うん）

師岡32：それで　身体痛という隠れ蓑を着てみたけれど

F34　：身体痛という隠れ蓑　そんな隠れ蓑って要らないんですけどね（うん）

師岡33：着てみたけれど

F35　：着てしまっちゃったんですね

師岡34：着ちゃった

F36　：着ちゃったんですね

師岡35：うん

F37　：脱ごう　脱ごうと思っても　それがなんか脱げなくなっちゃったんですね　で何十年もそんな苦しんで　自分で好きで　着ちゃったっていうこと　つゆ知らず　好きではなくて　自分で　自分の意志で着てしまったっていうこと　つゆ知らず　自分で着たのに人のせいにして（うん　うん）そこがまた　厄介でしたし　自分で気がつかなかったところに（うん）なるんですねぇ

師岡36：気がつかなかったのね（ええ）はい　……それが　音と（はい）自分に真正面から向かってくれる　ここのセラピストのことばや視線によって　そこまではわかりました　それがどう働いたのか

F38　：今まで　生(なま)のというか（うん）目の前でピアノを　他の人のピアノを何度か聴いたことありますし　音楽も物心ついたときから家のなかに流れていた　そういう環境ではあったんですが　音楽に対する　なんていうか　私の　気持ちの反応っていうか　そういうのが感じなかったですね

師岡37：純粋に聴く　という自分じゃなかったと思います

F39　：ええ　ただ　ひゅう〜っと目の前を（うん）通り過ぎていっちゃう（うん）

師岡38：心に

F40　：響かない（うん）はい

師岡39：響かない　けれど

F41　：初めてここへ来て（うん）
師岡40：自分の気持ちに　入ってくる
F42　：先生方が　私と（うん）一緒になって　ことばのやりとり　音のやりとり（うん）なんかほんとに（はい）　自然に　強制されることでもなく（うん）自然に　徐々に沁みわたってきた
師岡41：関心を向けられ
F43　：そう　関心を向けられ　関心を向けられるっていうのが　私にとっては（はい）すごく　すごく新鮮でした　私のためにとか（うん）　ここだけのなんていうか　……そのときの感じた（うん）っていうことば（うん）生きたことばっていうのが
師岡42：生きたことば（はい）
F44　：なんかそういうのが　素直に　なんかあのー　すっと入ってきて　なんか
師岡43：素直に聴こうじゃなくて　すっと（入って）入ってきちゃって
F45　：聴こうっていうんじゃなくて　沁みわたってくる
師岡44：沁みわたって
F46　：感触じゃない（うんうん）　体験ですね（うん）
師岡45：私は今のところが　心理療法の中核だと思いました
F47　：それを続けて（うん）くるうちに（うん）　今までの悶々（もんもん）とした　恨み　ねたみとか　ずうっと繰り返してきた自分の気持ちが　なんかあの　なんでもないような　なんでもないっていうか
師岡46：ひとつ　忘れているところがあるように思います　それは　自分自身が自分に素直になって　自分を表現するようになったので　ということが　私はとても大切と思います
F48　：自分を　自分自身を語るということは　なかなかできなかった（うん）そういう場所もなかったし（うん）　そういうことを繰り返しているうちに　親に対する（うん）私の家族　肉親に対する　なんか今まで起こってきたことが　なんかあれはあれで　私の今ここにいる自分になるための　なんか　邪魔なものでもない　なかった気がしてきたんですね（うん）

師岡47：肯定して（うん）受けとめて　しかも　自分の気持ちに収まるようになった（収まるようになった）

F49　：悪者の憎さとか（はい）攻撃的な気持ちっていうのが（はい）なんかこう　なくなったっていうか（うん）なんか　あれぇ？　あれだけのエネルギーもってたんだなっていう感じで（うん）思える自分が　今います

師岡48：そこが　とけるという表現の実体なんですね（そうでしょうかね）

F50　：なんか　すごく重いものしょってて　昔の武将じゃないけど（よろいを）かぶって　重い何十キロ　あれ脱いだとき　ホッとしたろうなって（ああ　ああ）そんなことこの間も　武田信玄のあの銅像を見ていたときに　思ったんですね（ああ）なんであんな　自分で勝手にかぶったり着てたりしてたんだろうけれども　いやぁこれ脱げたときの　解放感っていうか（うん）それこそ今言った　やっぱり生きててよかったなぁって（うん）

〈約12分25秒〉

……中略……

小山5　：今日はFさんの声がすごくはっきりしていました

F51　：そうですか

小山6　：はい　お話の内容も　内容というより流れが　すごく明瞭で　それにまず驚いています

師岡53：それは聴き手次第なんだよ

小山7　：はい　そこも（師岡：うん）感じました　先生とのお話で　やりとりが　音は流れと言いますが　音楽のように　一緒に流れていくものを非常に感じて　交流の深さっていうものを　今日は私　学ばせてもらったなぁと思っています（うん）ありがとうございます

師岡54：はい

……以下略……

要約

クライエントの自己再体験過程の事実を紹介した。

1）Ｆさんは自身の内面に不信感や不安感をもたずに、事実に即して言語的に表現している。
2）セラピストは、Ｆさんの言語表現の中核に対応している。
3）セラピィの過程は、自己再体験である。

この過程下で、自己否定感、内的な拒否感、攻撃感が、音楽によって浄化され、深い情動感を伴って、自身の内面を肯定的に再体験する。その過程で、身体的な苦痛感も消滅している。

Ⅱ　音楽を通しての自己再体験過程を考える

1①②③　小山美保
上記以外　師岡宏之

1　音楽表現

①　セラピィでの音楽

音楽は、自分の実感を通して感じとって、わかった、となります。これを私たちは了解体験とよんでいます。理解するのではなく、生まれるものです。

師岡先生は「回想性と哀感のない音楽はない」と言いました。

音楽に内在する哀感は、自己の内面の流れを素直に感ずることを助け、回想性は自己再体験を促進すると言えます。こうした影響力をもつ音楽のひとつとして、私たちはショパンに着目しました。初めてショパンの“雨だれ”をクライエントに聴いて頂いた時に、クライエントが『聴き慣れた曲だけれど、私のために演奏してもらえるというのは、とてもうれしいです』と極めて率直に受け容れた体験を述べた時、私たちはクライエントに起こる自己再体験の深さを直観的に感じとりました。

音楽療法をする側から言えば、これはすごい影響力がある、クライエント側からすれば、しみじみと心に響き、思いがけない自分を再体験した、ということであったと思います。

②　音楽の働き――関係のなかで――

音楽の働きは

⑴　促進性
⑵　転換力
⑶　浸透性
⑷　自己受容力

に大別されます。

これらの働きを生かすセラピィ下での演奏は、次のとおりです。

③　演奏するとき

音楽療法をする人、或いは目指す人は、作曲家の音楽を人間の純粋な感情表情として取り入れることが大事で、楽譜上の音符や記号とかを忠実に表現するのではなく、目の前の音楽の傾聴者であるクライエントの内部経験を――それは感じとること以外にわからないのですが、感ずるとは直観力で――了解するのです。この了解体験に沿って、セラピストは演奏します。

例えばショパンの曲を演奏するとき、ショパンの音の作りをどのように表現するのでしょうか。楽譜を読むときには、ショパンの心をみるのです。楽譜を通してショパンの情感を含む美意識を感じとり、ショパンの伝えようとしていることを、自分のなかに落とし込ませるのです。練習するとは、ショパンのその感情体験の流れが、自分のなかで無理なく、自然に収まるように弾くことです。無理なくというのは、楽譜の音のつながりから伝わってくる哀感を、自身が実感しながら味わう、ということです。

Ａさん、Ｂさん、Ｃさんに向けて弾くときに、どのような再体験が起こるのだろうか、と感じながら、Ａさんにはこう、Ｂさんにはこう、Ｃさんにはこう、という音楽表現になります。曲を完成させるのではなく、曲の音の連なりが生む哀感を、表現できるように演奏体験を重ねるのです。そしてクライエントに対面したときには、あれこれ考えず素直に、力まず、クライエントが聴きたいように聞くことを願って演奏するのです。

例えばセラピィの場では、ショパンを弾くとともに、自分の中から湧いてくる感情体験を音としてクライエントに伝えます。どのように伝わったかは、クライエントの再体験を聴くのです。それが音楽療法下でのクライエントとの対談です。クライエント自身の自己再体験であることが望ましく、クライエントとセラピスト相互の自己再体験が重なり合って、クライエントの言語表現を聴くことになります。

そしてクライエントの述べた核心、或いは気持ちの変化は、セラピストにも自然と了解できるようになります。この共有体験が次の演奏を生み出す活力となるのです。

「演奏後の対談は、クライエントの再体験を聴くのである」と師岡先生は常々述べています。

④　音楽が人を変えるということ

音楽は、クライエントにとっての「自己再体験過程」を通して、自己脱皮をくり返しながら、自分を味わい、その味わいを通してさらに、安定－脱皮－前進というプロセスを生み出します。

楽譜上の表現は音の進行や和音進行の理にかなった音のつながりなのですが、それが人の感情経験の停滞や促進、或いは飛躍というような領域に、どのようにとどくのかは、演奏者も作曲家もわかりません。いわば、演奏者としての一個人の経験の領域を拡大して、これがこの曲の創り出している世界、という独断的とも言える解釈をもって演奏しています。このような言い方は極端であり、個性的とも言えますが、ある解釈をもって演奏している、という事実があります。

ところが心理療法家として演奏する音楽の魅力は、そういうところから離れて、ショパンならショパン自身すら自覚していなかったメロディー感の掘り起こしにあるのです。例えば、楽譜上のテンポから極端にずれたテンポで弾くことで、あるクライエントには深層の自己再体験に至るのですが、それがまた違ったクライエントには通用しない、という厄介なものです。まずそのことを、ミュージックセラピストははっきりと自覚しましょう。

いわゆる普遍化が成立しないのです、あくまでも個別的なものなのです。

⑤　私たちがショパンに辿り着いた過程――実践智――

音楽（音）の世界は、演奏者の情感そのものです。例えばショパンのノクターンにしてもエチュードにしても、楽譜は誰にとっても同じですが、その楽譜を見て、つくり出される世界は、個性の世界です。楽譜は演奏者の入口で、楽譜によってもたらされる音の世界は、演奏者の世界なのです。同じ楽譜を見て演奏者が奏でる音ではありますが、そこには楽譜を超えた個性の世界が存在しています。

小山さんの演奏は、小山さんしか表現できない世界です。小山さんが何を経験し、何を伝えたいか、それは小山さんしかわかりません。ですが私（師岡）は協力者として、いろいろことばで伝えています。その時はショパンの楽譜が優位で、私のことばは従属的でありますが、私のことばを聴いた途端、ショパンの楽譜から感ずるものと違うものを感ずるらしいのです。主として、音階に含まれる情動性をどう表現するかという時に、哀感を重視するか、ショパンの音の世界を忠実に表現しようとするか、その違いがあります。

クライエントＦさんの頭痛の解消に役立ったのは、ショパンの楽譜のもたらした音の世界と、小山さんがつくり出した音の世界です。それは音がつくり出す哀感と美しさの世界でもあります。

例えばショパンのノクターンの世界は、いずれのフレーズにおいても哀感に溢れています。ノクターン第14番を例に挙げると、10小節目のメロディーの上下行は、深い情感が表現されており、演奏時にはその情感を強調して演奏されました。57小節目では、拍子と調性が変わると同時に、情動の流れも変化しています。そこに音楽のすばらしさがあります。人間は、頭で考えた理屈を言うので、なかなか飛躍できません。音楽だと展開が生まれます。そして意外性が含まれてきます。身体痛を伴うクライエントにとっては、共感性が深かったことでしょう。しかも時には、ショパンの美意識がつくり出すメロディー感に含まれる情念が、クライエントの新しい再体験を推進し、ショパン独特な美（哀感）がさらにクライエントの新しい再体験へと、作用しています。

2　言語表現

①　心理的な交流を生むセラピストの言語表現について
——Ｆさんとの対談から——

Ｉ節に挙げたＦさんとの対談事例をもとに、いくつか述べましょう。

セラピストの演奏を聴き終わってからの「……沈黙25秒……」は、必要な時間だったと思います。もう少し長くなる場合もあるでしょう。セラピストがゆったりと待つ、安定感が必要です。この安定感に触発されて、——もちろんショパンの曲の影響は深いのですが——クライエントにとっては、対談する人と安定を得ることは重要なことです。

F24では、『すごく生きててよかったなって　あの苦しかったこと　自分を消してしまいたいと思ったこと　そのようなこと、なくなった』と自身の内面での転換表現から始まります。この転換は、このセラピィ下での音楽によって生まれたと述べているのが印象深いところです。私（師岡）は短いことばで、自己再体験の表現の契機をつくっているだけです。

次にＦさんは、F29で『浸透して　とけていく』と音楽の作用を述べました。私は、私自身の味わいを深めながら、「浸透して、とけていく」と同じことばで対応しました。F30では、『私が生まれ育った過程を再体験して、否定的な偏った見方が実感された』と述べています。私はやや詳しく応じ、「攻撃、拒否」（師岡29）ということばを使いました。Ｆさんは続けて『大きな反発をしました』と続けました。印象的なのは、『大きな反発をして、嫌がらせをしても、嫌な気持ちだった』（F31）と述べたことです。私は「静かな気持ちではなかった」（師岡30）と応じました。“嫌な気持ち”に対して“静かな気持ち”と応じたところが、私からすれば、直観と味わいの流れを含む音楽的表現なのです。F32では、『自分が情けなくなって　だけどやめられない』という、切ない矛盾体験を再体験したようです。

F33は『ぴしぴしと刺さってくるような』と再体験の中核を言語化します。

F34からF37の流れは、「身体痛という隠れ蓑」（師岡32）というセラピストのことばをもって進んでいますが、その身体痛の隠れ蓑を脱ごうとした苦闘の十余年を再体験しています。

以上のようなことを十分読みとったうえで、音楽療法下での対談の質ということについて、読者がいろいろ考えてみてほしいと願っています。

②　人の言語表現活動

言語活動は、意味的に言えば言語化しきれない世界です。人は他者に理解されたいと欲しつつ、その時の自分に即して、しかもいまの自分が気づいている範囲内で、という制限をもちつつ対面しています。

人の表現活動において、〔表2-1〕のような表現層と私が認める範囲では、介入的な反応に過敏なところがあると同時に、表面的にすぎると「わかってくれない」と表現意欲が低下していきます。また人は、自分では明瞭に自覚しつつ表現しない（表現に聴き手を選ぶ）という意味では、選択的な表現者となります。よく聴いていればクライエントの選択的な葛藤は感じとれるものです。したがって、こうした場面では対応反応をいろいろ考えることより、安定した気持ちを持続的に継続して（探りを入れない）、聴く熱意を低下させないことが問われるのです。持続的傾聴力が対面している場面に流れていることで、選択的な防衛反応が薄れていきます。しかしそれでも、セラピストは介入的に対応をせず、対面者自らが開くのを待ちつつ、その機に的確に対応できることが大切

表2-1　言語表現の段階的特色

クライエントの内面と表現		セラピストの態度	対応反応
表現層	表現できる	こまごまと反応せず 全体の真ん中を聴く	傾聴的対応反応
	表現に戸惑う	ゆっくりと 反応は控えめに	
抵抗層	表現を したくない	セラピストの 触発作用力が問われる	対峙的対応反応
表現母胎	自覚しにくい	イメージ的なある場面から セラピストの発想力で 間接的に触発	広く深く 創造的に対応

になるのです。

表現母胎は、さまざまな感情体験によって形成され、その時々の気分によって自覚される内容が異なるのです。

私は長年対談を通して感じとってきましたが、音楽が介在することで、感じ了解しきれなかった内面の深い葛藤を、明瞭に了解することができました。音楽には、自覚化を防衛していた層に働く作用力があることで、音楽を聴いた直後においては、今まで封じ込めていた感情が明確に自覚される、或いは言語化できるということが起きます。それは拒否的、攻撃感の強いところでした。人はかくも哀しく、自己を正常化して生きているのかと――。

しかしそれは一瞬の出合いとも言うべき対談の場で、全心身的に了解されるのです。人と人とのコミュニケーションに、感じ了解できないところはないと確心しています。

けれどそれぞれその人による直観力の世界でもあります。またそれを言語化する能力の問題が内在しています。

Ⅲ　セラピィとは

師岡宏之

セラピィとは、その人の成長力に働きかける作用です。成長力というのは、その人の現状を否定せず、その個有な人の感情経験へかかわるという意です。本章は、言語的表現を主とするセラピィの場合について述べてきました。言語的表現は、〔表 2-1〕に示したように、言語による交流体験を主眼目としています。以下に私（師岡）の考えを紹介したいと思います。

1　人の言語表現――〔表 2-1〕について――

〔表 2-1〕は個人の言語表現を、表現しやすい段階から表現が困難な段階を分けてとらえています。『表現層』とは、表現しようと意図する人の内部活動です。第一に表層的な段階で、表現しやすく、しかも表現が比較的安易にできる層を指します。『抵抗層』とは、表現したくない、もしくは気づいているけれどもある意図をもって表現しない層です。『表現母胎』とは、すべて言語表現の母胎を意味すると同時に、自覚しにくい層です。すべての経験における母胎の働きと同時に、言語表現においては自覚しにくいと同時に、自覚していても表現を漠然と拒んでいる層を指します。これらを要約して示すと、〔表 2-1〕のようになります。

個人差がありますが、経験的実感からすれば、極めて吸収的で、自己促進的な人とは、どのような話題、いかなる援助的表現に対しても抵抗感を示さず、前進への興味、関心を表現する人です。すべてを肯定的に受けとめ、日常で直面している自分自身の内面に有効に取り入れようという気持ちを、持続的にもっている人です。

2　傾聴と対応反応

セラピストを目指す人、或いは既に自らをセラピストと自覚している人の、傾聴力と対応反応について、私の考えを整理して述べてみます。

①　聴く力

傾聴とは、感ずる力です。相手を前進的に聴こうとする姿勢を指しています。前進的にという意味は、耳を通して聴こえるものと、他の身体感覚を通して感ずるものとを指しています。耳から聴こえてくるものと、他の身体感覚を通して感ずるものとの協働で、聴こえてくることばだけでなく、相手その人を全面的に了解しようとすることです。相手から聴こえてくることばを解釈するのでなく、素直に聴いて、中核を受けとめることが大切です。

人は、聴くと同時に反応します。感じとり即応する表現力とをもって、聴く力と私は考えています。つまり、聴く（受けとめる）と同時に、反応できるという２つの作用がひとつになって、初めてセラピィ下での聴くということになります。

② ひとつの流れとして、働きかける

一般では、聴くという働きと応ずる（ことばで表現する）という働きと、２つの働きとしてとらえているのですが、セラピィ下においては、「感得感応」というひとつの流れが極めて大切で、セラピィを目指す人は聴く－応ずるをひとつの働きとしてとらえることで、生きたセラピィの場面を創り出します。

セラピィの場での「聴く」は、事柄を聞く、気持ちを聞く、表現しにくいものを感じとる、感じたものを了解すると同時に、ひとつの流れとして反応が生まれることが、生きた話し合いを生み出すのです。

私は、創造的傾聴と創造的反応が人の自己再体験を促進し、その人の潜在的な自己成長力を促進するものととらえています。創造的にというのは、ことばでその人の潜在的能力を触発し、対面しているその人がその人らしく、自己再体験過程を経験して、自らが生まれ変わると感ずるように自分を経験していくことができるよう、働きかけることです。

③ 表現活動へ

聴こえてくることばをどうとるかということは、きわめて素直に聞いて受けとめる、ということが大事で、ある意図をもって聴かないことです。それを傾聴力と呼びます。

私は、素直に聴くことを第一にしたいと考えています。即ち解釈を加えないということです。第二には、相手の展開力を聴くのです。第三に、感じとるという感覚的レベルでの傾聴力です。この３つを自身という中で統合し、表現活動となるのです。

この表現活動について述べますと、表現力を高めるには気の流れをつかむことが大切です。この流れをつかむとは、根気・元気・本気・正気と「気」がつくことばは多々ありますが、この４つの気を相手の声を通して、感じとるのです。気というのは、その人の気持ちの統合感で、その質の違いを聴いているのです。だからこの４つの気に分けて、言語表現も生まれてくるのです。

例えば、“今日は元気ですね、だけど本気度はどのくらいですか？　……本気度は中くらいですかねぇ……”“今日は元気ではありませんが、真正面から自分と向かい合いたいような感じすね”とか、“今日は自分には触れたくない

が、先生から気力をもらいたいという願望があるようですね”等々、この４つの気の混合割合から、ことばを創っていくのです。

それ以外に、人は出来事を話したいのです。同時に、自分の再体験の中身を話したいのです。これには、素直に聴き応ずることです。要するに、聴くということはいろいろ言われてきましたが、応ずるという一面がおろそかにされてきたので、私見を紹介しました。

④　感じ了解する

聴くとは、感じ了解することです。潜在的な動機と、潜在している葛藤感を了解できれば、その了解体験を言語化して伝えることになります。この場合注意することは、全部伝えるのではなくて一端を伝えて、クライエントが自分を再体験しながら述べていくことが重要です。その時の対応は、了解しましたと伝える、“はい”とか“はあ”とかという単純な受け答えが望ましいのです。というのは、その先はクライエント自らが述べ、言語化して自分を再体験する領域だからです。

⑤　要約

要約すると、傾聴するとは

⑴　相手の成長力に働きかける。
⑵　再体験過程が起こる。クライエントが自分を再体験しなければ、成長力に働きかけたことにはならない。
⑶　表現層の表現できる範囲にのみ対談を重ねても、セラピィにはならない。抵抗層、もしくは表現母胎にまでセラピストが了解力を広げることができて、セラピューティック（治療的）な交流感がでるのである。故にミュージックセラピストも、クライエントの表現母胎に関心を向け、わかる、或いは感ずるという了解体験を重ねてほしい。

そのために、音楽と言語表現によるかかわりが必要であると考えています。

〔補足〕 ここまで口述筆記したときに、「クライエントが自分を再体験するときに」ということで、師岡先生が下記のことを話されました。実際場面に直結する実感的表現なので、以下に付記します（小山）。

クライエントが自身の成長力を生かすためには、自分が気持ちよく再体験するところと、心地よくなく再体験するところとがある。その心地良くないところは、セラピィでは“こういう自分だった”と過去の自身として表現される。しかし日常では、“嫌な自分”として体験する。ここに違いがある。

再体験するというのは、

⑴ 意図的に閉じ込めておいたもの
⑵ そうしてみたいなぁと思ったけれど、実践しなかったところから自分が経験していること

が含まれている。

例えば、“私は臆病で、自分の気持ちを閉じ込めて、こういう気持ちを持っているのに、いつも隠して言えなかった”というような表現になる。

だから自己再体験は、ひとりでは苦痛を伴うため困難である。よってセラピストとともに味わうことが大事である。

第3章　セラピストの基本姿勢

I　セラピィ場面での、待つということ

——セラピストのかかわりとして、展開をもたらす間(ま)の意味——

小山美保

はじめに——セラピィに臨む、セラピストの内的姿勢——

来訪者（ここではクライエント）について、あらかじめ概略を知ることが、その後の治療的経過に必要である、という考え方が一般的にあるようです。

医師であれば、問診を含めて患者の症状を聴き取り、原因を探り、診断名をつけます。心理的な治療の場においても、アセスメント*をとる、という言い方で、成育歴や症状に至るこれまでの経緯や障害の詳細を本人、或いは保護者から聞きとることがあります。

* アセスメント（assesment）　事前評価。ソーシャル－ワークにおける、クライエントに関する情報収集を言う語（『大辞林』第三版、三省堂）。

この場合の対応（来訪者への接し方）は、その人を全体的にみるというより、その人を形成するある一部分に着目することになります。

他方で、みえるものからみえないものへと着眼していく視点として、心理療法においてクライエントと対面する人（ここではセラピスト）は、クライエントの内面的な困難さを含めた全体を感じとろうとします。つまり、その人自身が訴える（あるいは自覚している）ここが悪いという表現のみに着目せず、その人が醸し出している雰囲気や生活感を含めて、了解するのです。その着眼は、今目の前にいるその人と、より親密な関係をもちたい、という姿勢によるものです。それは熱意と言ってもいいでしょうし、信念に通じるものでもあるでしょう。

セラピストのクライエントへのかかわり方で、セラピストが何を重視しているかを表現していることになるのです。

そのようなセラピストの対面姿勢は、どのような意味をもつのか、以下では茨城県日立市にある師岡カウンセリング研究所でのセラピィの実際場面を紹介します。

同研究所での音楽療法のセッションでは、初めてのクライエントが来る前に、セラピストたちにはそのクライエントが抱える症状や問題、障害などは知らされません。伝えられるのは、「今日新しい人が来るから」ということだけです。そしてクライエントが来た時に、迎えるところから始まります。

セラピストにとっては、その時その場で自分が感じとっていることを頼りに、かかわっていくことになります。ですがそれは、クライエントにとっても同様なのです。初めての場所で、どのようなことをするのかも確かではない、とにかく来てみた、多くの方々にとってそのような状況であると想像されます。

クライエントとセラピストの間にあるのは、上下関係ではありません。セラピストは、固定的にある役割や地位に自身を置かず、社会常識的な観方で相手をとらえようとせず、自分なりに了解することになります。クライエントにとっても、その場で自分なりに動いていくことになります。そこで時には、セラピストに対して『何々すればいいんですか』と確かめたり、その人なりの感想を述べたり、伝えられたことをやってみようとする等、さまざまな表現があります。

それらはセラピストに、クライエントその人を感じとる、という間（ま）をもたらします。クライエントその人の歩き方や表情、視線の動かし方、動きのテンポ感、言語的な表現などを、その場で自ら感じとろうとする、積極的な気持ちになります。対面して起こる、セラピスト自身の心の変化が、第一に大切なものなのです。

セラピィはこのような場面から始まり、セラピストは対面する人としてかかわっていくのです。そしてセラピィは、クライエントに出会った時すでに始まっています。

セラピィを始めるにあたって、クライエントを乗せるとか、あるプログラムに沿って進めていくというように、セラピストがあらかじめ活動内容を決めることが、現在の音楽療法と呼ばれる場では多くみられるようです。セラピィを通して療法的（セラピューティック）な関係になるかは、ここでのセラピストの対応姿勢によって決まります。

クライエントの動きを見ながら、セラピストが応じようと待つ、つまり間をとることで、関係の質は変わっていきます。セラピィとは、セラピスト自身がクライエントその人を全体的に感じとることから始まり、セラピューティックな関係が発展していく場なのです。

1　セラピィに於ける、待つ意味

通常「待つ」とは、時間の経過とともに訪れる状況に対しての受け身的な態度です。例えば、人の訪れ、季節の移り変わり、約束の時間、を待つ、などです。自分は動かずその場にいる、という語感（ニュアンス）を運んできます。

セラピィという臨床的な場では、待つことは基本姿勢としてとらえられています。ですが日常の語感と混同し、指示しない、強制しない、干渉しない、というように、クライエントの現在の動きを重視し見守る、という範囲のみでとらえられるときもあるように感じます。それは、人は自ら動き出す、という前提に立っていることになります。ですが人は、他者から触発を受けて、内的な変化が起こるのです。過剰な緊張を招かないように、という配慮は非常に大切なことですが、セラピィの実際場面で待つときには、クライエントの動的な内面の活動を感じとりながら、静的にじっとしているという理解では不十分であるといえます。

つまり待つというセラピストの対応によって、クライエントの経験の質（具体的には、安定する、応じる気持ちが出てくる等々）が変わるのです。そこにセラピィに於ける「待つ」意味があります。

2　初期段階――場面をつくる――

①　積極的にとらえる

例えばクライエントが落ち着かず過動である時、すぐに声をかけたり音を出したりというかかわりをしないことがあります。ですがそれは、クライエントへ働きかける機会を見出そうとしているのです。クライエントの動きそのものを見る、というだけでなく、他の要因を感じとろうとして待っているのです。

ですから待つことは、消極的な態度ではありません。待つことで積極的に、クライエントとセラピスト間の適切な、心理的な距離をつくり、クライエントが自分を表現しやすくなることを援助しています。

実際のセラピィ場面では、対面するセラピストの待つという態度は、けして受動的なものではありません。動きとして目立ったものはなくても、感じとるという感性的なはたらきにおいて、かなり集中している状態にあります。待つという行為は、セラピストにとっては静的ではなく、精神活動としてはむしろ積極的であり、活発な状態であると言えます。クライエントにとっては、日常と異なる心理的な自由が大切にされていることになります。

② セラピスト自身の安定を回復する

セラピストとて人です。他者と対面するときには、緊張感が自分の内に起こるのが自然です。言葉が多くなる、声が上ずる、音をいっぱい出してしまう、間がとれず演奏を続けてしまう等、セラピストのほうが安定を欠く場面は、どなたもさまざま体験していると思います。

関係において相手の内的な状態は、相互に影響性をもっています。セラピスト側の不安定感が、クライエントの落ち着かなさを引き起こしている場合もあるのです。

このような時セラピストが待つのは、相手が落ち着くのを待つためではありません。自分の間をとるためです。したがって慌てない、急がない、と自らを安定させ、先走る気持ちを抑制することは非常に大切です。ですがこの状態を、クライエントのためというように混同しないよう、セラピスト自身の安定を回復する意味を含むことを自覚することが必要です。

③ 距離をとり味わう

日常的に距離をとるというのは、人間関係に不快感が生じないよう間をとって、交流でき得る機会をみつける、ということです。

一方セラピィでは距離をとることで、クライエントの個性的な表現を促進したり、両者間の関係の質が決まります。この場合の距離とは、対面する位置と心理的な関係の両方を含みます。

具体的には、戸惑いや混乱といった、不安定な状態にあるクライエントに正面から向き合わず、斜め向かい側や脇で対応することになります。楽器での演奏を補佐するときも同様です。またセラピストが傍らから離れるとき、クライエントは自覚的に、自ら意欲を掘り起こすという体験をするようです。

一緒に楽器で演奏する、共に歌うという場面でも、音の出し方によって距離感が生じます。セラピストが自分の音量を抑えると、クライエントの音や声は際立って聴こえます。セラピストが自分の表現を止めて待つと、クライエントは自ら演奏を続けるという持続力を発揮します。

距離をとり待つことで、セラピストはクライエントの情動の流れを止めず、共に味わう、いわば相互交流の関係をつくることに発展します。

④　表現するきっかけをつくる

待つことはクライエントに緊張感を与えるように感じ、間をとりづらいと多くのセラピストが感じるようです。それは緊張があることはよくない、ととらえているところからきています。ですが自分を表現をする時には、緊張感があって自然なのです。特に内面的なことに目を向ける時は、気持ちを静める間が必要です。またその緊張感を、セラピストが前進性を伴うものに変えていくことができるかというように、セラピストにとっても重要になります。

緊張感の質の転換は、表現を減らし、時には抑えて、セラピスト自身が待つことで起こります。ふと誰も表現をしない瞬間が訪れる、その時にセラピストが、どうしようと動揺せず、今はあなたの番ですよ、どうぞ、という気持ちで待つと、クライエント自身が自ら表現し始める、という場面が生まれます。即興演奏であれば、意を決して音を出す、というような空気感が伝わってくる時もあります。対話であれば、何か言おうとする内的な動きの変化を感じとることができます。

このように、相手を待つという時間は、クライエントの自主的な動きを促す沈黙を伴うものなのです。

待つ、とは訪れてくるものを受けとる、という意味だけでなく、展開へと動く気持ちの変化を自覚しながら、積極的な気持ちを向けているのです。それがクライエント、セラピスト両者にとって、新たな動きのきっかけをもたらすのです。

セラピストが待つことで静かになる瞬間は、クライエントの自発的な動きにつながる、促進的な時間になるのです。

3　安定感を土台として——能動的な関係の形成——

「待つ」とは外面的には静ですが、内的には動であると述べました。セラピストは、「待つ」一辺倒にならず、自由感を基本とした能動的な、ですがそれがクライエントの自己展開を自然に引き出すようになるかかわりかたが大切です。「待つ」にも含まれるそのような能動的かかわり（感じ応ずる）について述べます。

①「機を得る」——変化の兆しをつかむ——

待っていると、クライエントの内的変化が伝わってくることがあります。それは両者にとって、自分を実感的に感じとる機会になるのです。

クライエント、セラピスト両者の動揺や緊張といった過敏さが落ち着いてくると、より安定した交わりが起こります。ですが安定が表面的な時は、固定的な表現が続いたり停滞感が生じます。

人のもつ安定感とは、流動的なものです。ですからセラピストは、待つことでクライエントの内的な情動感の変化を感じとって、「機を得る」のです。

例えば、テンポが一拍＝60前後で安定感のある即興演奏が続いたとします。そこでセラピストが間をとり、自身の感じる抑揚感（クライエントから感じる自由さ、意志性など）を表現したくなりタイミングを待つときがあります。それは、クライエントの情動性の高まりを触発します。ここでは、次が予想できないという、新しい緊張感が生まれます。表現としては、高揚感を伴ったり、音楽的により強弱の幅広さが増す流れとなります。クライエントにとっては、『夢中になった』『何も考えていなかった』という集中体験になるようです。

この場合の待つとは、クライエントの内面の流れをより明瞭な表現に変えています。そのとき生じる緊迫感は、関係感の深まりへ向かう「機を得る」と言えます。セラピストにとっては、クライエントの変化の兆しをつかむ、ということでもあるのです。

②　即応反応が出る

クライエントとセラピストの双方がことばや音で応じ合うとき、即時的なやりとりになっていくことが大切であると感じます。そのときクライエントの多くは、成人であれば日常生活の常識的な枠を超え、障害児であればある固執性を離れ始め、新鮮さと高揚感を体験します。

音表現であれば、ある調和感（和声感や進行、一定のテンポ感や拍子）を崩さないように、と思っている場合は、常識的な思い方をしており、その人個有な表現にはなりにくいものです。対話においては、話題を限定すると、クライエントがセラピストに合わせること（過剰適応）になりかねません。またセラピストがクライエントに同調的に応じるだけでは、新しい道筋は生まれず交流感は起こりにくくなります。つまり習慣化した表現では、その場での新鮮さが失せてしまうのです。

セラピストはクライエントの表現を待っていると同時に、クライエントから瞬間的に触発を受け、それが次の表現へのきっかけになるのです。その時応じてみたらこうなった、そうしたら次はこうしたくなった、というような瞬間の関係の成立とでもいえるもののように思います。

そのような即応の連続が、クライエントにとってもセラピスト自身にとっても、感情体験が生き生きすることにつながるのです。クライエントからは、『新鮮な感じ』『こういうのは初めて』等、驚きを含んだ言語表現で返ってきます。

セラピストが間をとって待つ意味は、時間の長短よりむしろ、即応性が引き出されるところにあります。この時場面の緊張感の質が変わり、流動性のある表現が生まれるようになります。

③　過程の中で、間をとる

表現をし続けると、間をとりたくなるものです。ですが楽器を使う音楽療法では、音を出し続けたり、大音量で演奏するクライエントに、しばしば対面します。

例えば障害児の場合などは、自分が好む大きな音で演奏し続けることに、心地よさを見出しているときがあります。幼児であれば、気持ちの高揚するままに叩き続け、ある瞬間でふとやめて“つかれた”と意欲が下がり、その瞬間、集中も失せたりします。或いは、高い残響音が出る楽器（シンバルや小太鼓など）を非常に好み、それを力いっぱい鳴らす、というような言葉にしない攻撃的な気持ち、つまり日常生活においてイライラしている気持ちを楽器に、或いは周りにいるセラピストにぶつけるような表現に出会うことがあります。

クライエントの表現を尊重する、という言葉をききますが、交流感のない表現は、閉塞的な関係を生み出しているのです。セラピストがその場に居るにもかかわらず、クライエントとかかわりをもたないのは、そのクライエントの閉鎖的な人間関係を認める、という表現をしていることになります。

このような時、傍観して待つのではなく、過程として待つ、というように、少し長めの時間をとることになります。クライエントが、セラピストとかかわりをもつ状態へ至ることを「待つ」場合もあるのです。

クライエントの表現を聴くとは、間をとることで応じ待つ、というかかわりでもあるのです。

④　抑制的な表現となる

出した音が相手へ伝わった、と感じる瞬間があります。それはクライエントの演奏に、セラピストが表現したリズムと同じリズムや、似たような音程差のついたモチーフ（ある音型）が聴こえるときです。

クライエントがセラピストの音を聴きとることができる、とは、自然と耳に入る状態になったということです。これはクライエントが、自分は安定してきましたよ、ということをセラピストに伝えている表現でもあるのです。このような時セラピストが、自分の音を小さくしたり、音数を少なくしたり、単純なリズム（２分音符の音価など、同音を長めに持続する）表現に変えながら待つことで、クライエントの表現を内面的な変化として、十分味わいながら傾聴する*ことができるようになります。

＊「傾聴」とは、例えば言語表現でのやりとりであった場合、私の経験的理解では、相手の言葉を聞かずに胸のうちを聴く、という感じです。そのようにしていると、ぼやっと伝わってくる、その人の内的な情動があります。それがこちらに了解されたとき、傾聴していると言うことができる、と感じます。したがって単に黙って、クライエントの話や出ている音に耳を傾けている状態ではありません。

待つ、とは動きを止めることだけではありません。セラピスト自身の表現を抑制した応じ方に変えることで、あなたの変化を待っています、と伝えることができるのです。

具体的には、中学生以上、成人の方であれば、こちらが音量を下げクライエントの次の表現を待つことで、クライエントの音が非常によく聴こえてくるようになります。

セラピストが間をとり、クライエントの表現を待つことは、自身の表現を抑制的にコントロールすることにつながっているのです。それはクライエントにとっては、自発的に自分を表現する実践力を、自ら育てる機会となっているのです。

⑤　聴き、応じる

楽曲の演奏者は、曲を通して作曲者との循環的な関係に身を置いています。他方セラピィの場に居るセラピストは、クライエントの音や身体表現などを通して、関係感を感じとっています。

セラピストが待つことは、セラピスト自身が自分の演奏表現に向けすぎた関心や、セッションの流れを先取りする思惑を、自ら断ち切るという意味をもっています。そうすることで、その時感じとっていることが明確に自覚される、という内的流れが強まるのです。

待つ、というのは聴くことと応じることが、ひとつになって作用する状態であると言えます。聴きながら、応じているのです。応じながら、関心を強くもって聴いているのです。この同時進行していく心の動きを、無理なく自然に感じられるのは、音楽による情動的な流れがあるからです。そのようなところで、心身一致感が起こります。

⑥　触発する

セラピストが自身の表現と内的情動が一致しているとき、クライエントにとっては強い触発力となるようです。このような場面を体験したとき、『楽しかった』*というクライエントの表現は、情動的な高揚感のみでなく、新しい経験をした、という意味を含んでいるようです。

＊　この場合の「楽しかった」をもう少し詳細に表現すると、発散的な表現から、気分の興奮・高揚・心地良いといった情動が際立つこと、そして満足した・おもしろかったというような快感情の自覚を経て、新鮮さ・充実感・新しい自分を感じたというような一致感や肯定感が生まれ、味わいが変化した、という経験になっているようです。

具体的には、子どもでも成人でも、即興演奏でピアノの連弾をするなど、共演をする場面が挙げられます。心的距離感を含めてお互いの息遣い、感情の高まりなどと同時に、動きを含んで相手の存在全体を音を通して感じとっているのです。そこで音を出さない瞬間は、相手からの表現を受けとめつつ、自分が次の表現をするきっかけや、活力を感じる間となります。

待つことで、セラピスト自身の内面の一致感が高まり、それが間と音表現を通して、クライエントを触発する影響力となって伝わります。また内面的には新しい展開が起こり、それを表現するタイミングにつながっているのです。

4　交流関係の中で――場が展開する――

①　感じ合うという循環を生み出す

他の人から影響を受けた時に、はっきり自覚できる、もしくは自覚していないまでも、何か自分の内面で変わっていくものを感じる、という場合があるように思います。

セッション中、何がクライエントの内面に起こっていて、それをセラピスト自身がどのように感じているか、ということが明確になることは大切です。場の安定感が増したり、関係感の密度が高くなることに作用するからです。

例えば、即興演奏中にクライエントの出す音色が変わる、と感じる場面があります。障害児であれば発散的に、あるいは自己アピールの強さが前面に出て、強く硬い音質であったのが、音量を加減し、落ち着きのある低音域を選んだりするときです。バスドラムであれば、お腹のあたりに響いてくる音になったりします。成人の方の場合は集中が高まり、自分の気持ちの流れで音を出し始める、という流暢性が伝わってきます。歌唱場面では、より情動が表現しやすい旋律や歌詞が含まれた選曲になります。

クライエント自身の即応力が発揮されるようになると、自発的な気持ちの動きを感じとることができます。その変化をセラピストがつかんだ時、お互いの表現を通して感じ合う状態が生まれます。

何を感じ合うのかは折々で異なりますが、多くは演奏の流れから、エネルギー感や、クライエントその人の生命的な情感といったものです。音の張り、声の調子等からは、意欲の持続や意志的な強さが伝わってくるように思います。これらは循環する流れとして、感じ合うことができます。

あるクライエントは、セラピストたちと“気持ちが通じ合うような感じ”と表現しました。クライエントにとっては対人関係における、否定感情から肯定感への質的変化をもたらすものとなっています。

セラピストは待つことで、クライエントの生きる情動感を、全心身的に受けとめ、感じとり、自らの音表現に繊細さ、そして大胆さといった幅を加えていくことになるのです。待つことで呼吸が深くなるときには、セラピストの力動感が音色に含まれ、クライエントへ伝えることとなるのです。

②　新しいバランス感をつくる

クライエントとの即興演奏中に待つ時は、クライエントの音の強弱に表われる抑揚感や流れを感じています。例えば、クライエントが躊躇すると流れが薄れ、集中すると勢いが増す等です。

それらは人の内的な流れの特色と関連しています。例えば自分を表現しきれない、何か不十分であると感じる時は、自分の感情をストレートに出しにくいものです。或いは感情を自覚できないほどに、抑えている情動があるときもあります。

音楽療法の音楽は、人の感情体験がもっとも伝わりやすくなるところで、大きな影響性があります。感情表現は自然さに欠けていたとしても、鋭い力感が伴います。また無自覚的にある情感が表現された時は、自然で調和的な流れを伴います。セラピストは待つことで、クライエントの感情的な質的変化の流れを感じとっているのです。歌唱を通した場面でも、今クライエントはどのような実感を自分に対してもっているのか、が感じられることがあります。

例えば障害児が、自身の心地よいと感じるテンポで、しかし非常にせわしく感じるほどの速さで演奏していたとします。その場面においてこの子は、自分の不安定感をそのようなせわしさで、発散的に紛らわせているとも言えるのです。ですから、感情体験としては何か落ち着かないまま、自らをより疲労させる方向性へ向かっていることになります。

このような時にセラピストは、低音の持続音で、もしくはクライエントよりも遅いテンポで、クライエントの心の流れの変化を待ちながら演奏します。始めは演奏が合わないようですが、徐々にクライエントのテンポ感がセラピストのテンポ感に沿ってくる、ということが起こります。この時クライエントは、自分の内面的な表現へと向かっている、と言えます。そして演奏中にふと、両者の拍子感が合い、心地よく感じる瞬間が生まれます。クライエントにセラピストの音がより伝わりやすくなった、このときにクライエントは、他者（セラピスト）からの影響を受けて、新しい感情的なバランスを体験するのです。

演奏後クライエントに、『落ち着きましたね』と声をかけます。落ち着くとは、状態の変化のみではなく、その状態を支えている感情体験があってのことです。例えば、心地よい、うれしい、気分がすっきりする等の快感情が、そこには生まれています。

セラピストが待つとは、セラピストの表現によって、クライエントの内的感情が安定的なバランスをつくることになるのです。この場合の安定感とは、他者との関係を生きるようになる、という意味です。

高次脳機能障害の方々にとっては、関係感の回復傾向が起こるようです。

③　味わいを伝える

ピアノなどの鍵盤楽器をセラピストが演奏する場合、重ねて弾く音を少なくし、低音域で弾くと、相手の感情体験により近い表現になった、と感じることがあります。

セラピストが音表現を少なくする、ということは、表現が単純になる、ということです。そのような時には、クライエントを感じようとする気持ちの流れが自覚的に増し、セラピストが表現する音色に、より内面性が加わることになります。この時の内面性は、味わいになります。

これは音を出しながらその音色を味わい、表現しながら徐々に、「今の自分を感じる」という内面化を意味します。

成人の方でしたら、その時の演奏に日常的な自分が浮かんでいた、と言語化することがあります。『いろんなこと、想像したりしてます』『今思ったことなんですけど、はっきりわかった』というように、自分への新たな気づきが生まれるときもあります。

ここがセラピィ（心理療法としての音楽療法）の、より豊かな生命感であるように感じます。音楽的な表現が内面的な浸透感を伴って感じられる時、人は自分を豊かに感じているのです。

セラピストが、相手への関心の強まりとともに自分の表現を抑え、単純な音表現で味わいを伝えながら待つ、という動きは、クライエントにとって自身を内面化して味わう機会となるのです。

④　沈黙を生かす

沈黙の間が続いた時、セラピストが不安になり、音や言葉を継いでしまうというように、セラピスト自身が間をとることができない状態になることがあります。

日常的な場面での澱みない会話は、一見友好的で親和的な関係に思われますが、自分の言いたいことだけ言う、或いは当たり障りのないことを言って別れる、ということが多いのではないでしょうか。

ですが人の関係は、確かめつつ、聴きつつ進んでいくものです。セラピィは行き合ってすれ違う関係ではなく、自分の生き方に目覚めていく時間です。そして沈黙には、自身を実感し、場に対応する力を発揮するようになる機会が含まれています。

例えばクライエントとの演奏中、セラピストが音を止め、少し長い間をとります。このような時にはクライエントの動きから、人間関係における対応力を感じます。同時にセラピストも、その場での対応力を試されることになるのです。

セラピストの音がなくなり、ふと途切れる間の空気感から、クライエントが一瞬戸惑ったり、動揺が出たり、緊張感も高くなります。しかし、そのような内的に負と思われる情動は、クライエントが自らを表現することによって、減っていきます。クライエントにとっては自ら歩みを進める、自発的なエネルギーの流れが生み出されることになります。

セラピストが待つというのは、自覚的で安定感を含んだものなのです。だからこそクライエントが、より明瞭に自身を感じながら、実感的積極的活動へと転換するチャンスになるのです。セラピストにとっては、沈黙の間で流れているクライエントの内的な情動感にかかわっていることになります。待つということは、沈黙の間を生かすことになるのです。

⑤　自然に感じとるものを大切にする

一般的な言い方で、集中するとは、ひとつの事柄に強い関心を向け、その他を遮断するという状態を指すことが多いように思います。

セラピィ場面において集中するとは、人間関係の中にいながら、気持ちがゆったりしている状態を意味します。その時の自分なりの心持ちで、見て聴いています。このようなときに、具体的なかかわり方がふうっと浮かびます。そこで、こうしようと思うことそのままに、クライエントに即応すると、伝わり方が鮮明になります。応じ合いが密になっていくのです。

これがセラピスト本来の働きであり、セラピィの流れをつくり出す根源です。

待つとは、自然に感じるものを解釈せずに大切にする、心の動きなのです。

5　関係が深まるとき——関係感の質が転換する——

①「創造的直観の発動」

セラピストが待つとは、ときにみえないものを予感する想像性が働きます。それを手がかりにクライエントとかかわるときは、即応性とともに、創造的な——新しい展開を自ら生み出していく——動きとなっていきます。

直観したことを表現するとき、セラピストには、ある独特な心の流れが生じるように感じます。それは一瞬の間というような、ある緊張感を含んだ沈黙に現れるように思います。

セラピィの場でスーパーバイザーとして同席している師岡先生は
「前とのつながりの中でとらえない」
と言います。前とは、前回という意味でもあるし、その時終えた演奏を指すときもあります。
「一回一回気持ちを切る、違う体験なんだ」
とも言われました。

即ちセラピストの直観的体験と、クライエントの内面的な流れが転換しながら、流動していくことを重視しているのです。

具体的な例として、師岡先生の対応を紹介します。

師岡先生との対談で音楽療法の場へ誘われても、なかなか来所できなかったある成人のクライエントが、音楽療法を受けるようになりました。当初はバスドラムで小さな音しか出せなかった方が、自分なりの表現をできるようになり、話し合いの場でも感じたことを少しずつ言語化できるようになってきた段階のことです。

セッション中のあるタイミングで、ピアノを弾いたことのないクライエントに、師岡先生が、「セラピストとピアノの連弾をしてみましょう」と伝え、場面がつくられたことがありました。クライエントにとっては初めてのことでしたが、驚き緊張がありながらも、拒否せず音を出すという展開になりました。
終了後
『自分がこんなことをするなんて、思ってもみなかった』
『でも楽しかった』

『何も考えずに音を出していた』
『セラピストから、どんな音でもいいからどうぞやってみて、という気持ちが伝わってくるので、思うままにやってみた』
等々、高揚感を伴った言語表現がありました。

この場面でクライエントは、日常の自分では考えられない、思いもつかない実践をしたことになります。ですがそれが、自身の生活における固い常識的な枠を超える体験となり、内面的な自由さと充実をもたらしたのです。

ここではセラピストが待つことによって感じとったクライエントの体験感から、自身の内面に起こる関心に素直になること、それをクライエントに（率直に）伝えることが、関係の基盤となっています。クライエントにとっては、セラピストとともに体験する新しい実践が、新鮮な自分を味わい、充実感を味わい、そのようにして人間関係の中に居る自分を、経験することになったのです。

② ともに相互の交流感を体験する――自分になる――

セラピストは待ちながら、味わいが深まる瞬間をとらえることになります。そのような時、セラピストの個有な表現に触れ、クライエントも独自性を発揮するようになるのです。

クライエントは、即興演奏中に音と一体化する自分を感じ、同時にセラピストを感じているようです。表現と内面の一致感とともに、交じり合うという交流の一体感を体感しているのです。

ここはクライエントによって、言語的な表現になるときとならないときがありますが、障害児であれば、落ち着きの感じられる心地よさのある演奏になります。言語表現のある方であれば、『溶け合った』というように（自分を）表現します。この時相互性というところで、セラピスト自身にも同様の感じが起こります。これが感動体験となるのです。

その時の感動は、自分自身になっている、という実感です。自分らしくいられた、と思える深いよろこびでもあります。それはセラピストにとっても同様です。セラピィという場で、人と人との関係に自らが開かれていく、という体験になります。ここに、人がその人として関係をつくる、というセラピィ場面の意義があります。

セラピィに於いて、セラピストが待つという間をとるかかわりは、こうあらねばとか、こうせねば等々の、自らを縛る気持ちから離れて、純粋に自分自身になることをもたらします。そのような意味で、日常的な待つという状態とは全く異なり、自分が自身に目覚めるという、非日常的な内面のバランス感が働くと言えます。

6　まとめ──「待つ」ことの意味──

セラピストが「待つ」意味は、関係の質の転換から、感動体験への流れを含みます。それはセラピストの「創造的な直観（力）」によるところが大きいのです。

①　機を得る

クライエントへのかかわりでは、「機を得る」という姿勢になります。セラピストにとっては、安定感が集中力を生むともいえます。

クライエントとの関係においては、適切な心理的距離をとること、即時的に応じること、となり新しい表現変化が生まれるのです。

これらの土台には、セラピストの自然な気持ちの流れがあります。観念的に（理屈づけて）考えたり、意図して起こるのではありません。その場の関係感で、創造的な直観が発動するのです。そして感じること、観えることが、新たな関係性の秩序を生み出しているのです。

クライエントへの影響としては、混乱や不安定感から離れ、自身の内的な中核（感じ方、考え方、そこに基づく動き等々）に、感動体験を経て気づくことが起こり、日常生活での変化を実感するようになります。

②　さまざまな一致感が生まれる

セラピストは待つことで、クライエントの内的な変化に触れ、より核心的なかかわりになっていきます。その時表現することを通して、関係の中でさまざまな一致感が生まれるのです。自身の内面で、思うことと表現していることが一致する感覚、ある感情にとらわれず流れている情動を感じること、そこに付随してエネルギー感が増しているのを自覚すること、それらが自分の中で瞬間的に一致するときには他者との調和感も感じられること、等々です。感情経験としては、よろこびであり、感動体験でもあります。

③ 相互性のある関係

すなわち、セラピストがクライエントの主体的な生命感を見出していき、クライエントはそれを新しい自分として経験するのです。それはセラピストにとっても、生き生きする自分を感じる体験感をもたらします。

このような相互性のある関係が、セラピィの本質であると思い考えています。「セラピィとは、クライエント、セラピストの創造的な人間関係である」と師岡先生は言っています。

おわりに

2017 年 7 月に、ミュージックセラピィ研究会*が行われました。そのときに、私はクライエントとの関係を創造的に築いていくときのセラピストの実践姿勢について学びました。ですが、私自身がセラピィの場で機能するようになる、という時の内面的な流れや、場に触発性が起こること、クライエントへの影響などについては、分かり切らないもやもやとした不明瞭さが私の中に残りました。

＊ ミュージックセラピィ研究会は、故山松質文（元大阪市立大学教授）が創設し、師岡宏之が引き継いだ伝統のある研究会です。

山松が会長の折、活動場所は大阪市大を中心として行い、師岡になってからは、東邦音楽大学にて定期研究会を開催し、実践的な研究は師岡カウンセリング研究所で行われました。

現在（2022 年）は、会長が林久美子に変わり、年 1 ～ 2 回小人数での実践的研究会を開催しています。

その後 9 月になり、師岡カウンセリング研究所での音楽療法セッション後の話し合いで、師岡先生が

「セラピストが待つ、とは今日の場面のように、機を得るということ。チャン

スを積極的につかむことであって、けして消極的な態度ではないんだ」
そして
「あなた、待つについて書いてみなさい」
と言われました。

そこで、セラピストが待つ、という状態に焦点を絞って、その時に自分が何を感じているのかを、文章化してみることにしました。

一旦書き終えて師岡先生に見せると、これは資料として配ったらいいと言われたので、10月の勉強会へ用意していきました。当日になり会開始前に、師岡先生から
「今日勉強会で、待つについて話しなさい」
と言われてしまいました。書くことで精いっぱいだった自分を感じたのですが、1時間ほど時間を下さったので話をしました。

勉強会のなかで師岡先生のことばを受けたり、他の参加者のとらえ方や疑問に触れたことで、また新たな視点が自分の中に生まれました。つまり書くだけではなく、他者に話すという表現（実践活動）を通して、自身の中で観え方が新しくなることを体験しました。そこで「待つ」についてもう一度、感じることを言語化しようと取り組んでみました。するとそれまで、よくわからないと不明瞭さを感じていた部分に、道筋ができてきました。

そのようなとき、

つくる　　生み出す　　生まれる

という言葉が思い浮かびました。つまり、「待つ」とは創造性が発揮される母胎でもあるのです。

つながる　　起こる　　もたらされる

という表現へ動いていくことが多々ありました。即ち、単独では生じない、相互の関係がそこにあるのです。

師岡先生が言ったことばがあります。
「あい（愛）とは拒否しないこと。けして拒まない。好きとか、嫌い、じゃないんだ」
「待つ」という姿勢も、そのような“あい”のひとつではないか、と感じています。あい、は愛でもあるし、哀ともとることができます。「物事は両面があって、ひとつ」というのも、師岡先生のことばです。
「待つ」にしても同様です。待つとは、静止するのではなく、非常に動的な内面の動きを含むのです。表面的には動かないようにみえますが、観える、感じる、という視点からとらえると、循環の中のひとつの動きとして感じられます。
この循環は、セラピストの内的な流動感とも言えますし、クライエントとの関係で起こる流れとも言えます。
「待つ」があるから「応じる」があり、「聴く」があるから「表現する」があります。固定的でない流動感を、セラピスト自身が持っていることが、健康性につながっているように感じました。それが場の展開力となった時、セラピィ下で人間関係の質が転換し、影響性として両者にとっての感動体験となっています。
今のところそのような視点で、セラピィで起こる関係性をとらえています。

「待つ」論に寄せて

師岡宏之

小山さんの実践的記述は、セラピストとして生きる者の実践的かつ内省的なものである。私（師岡）は印象深く読み味わった。私の印象を簡略に要約して、皆様に学び方の一端としてとどけたい。

論述の中心は関係、それはセラピストとクライエント、人と人、或はもっと広く、人と自然にも範囲が及ぶ学習体験、もしくは刺激的な内面の「めざめる」体験の核心にふれている、と私は読む。

気づく、とは単に「それがある」ということの自覚ではない。流動的、瞬間的で、しかも強く「そうか」「そうだったのか」「やってみよう」という段階的な経験の流れであろう。

その自覚的な経験の流れをひとことで言うと、体験過程ということばになる。体験過程とは、内的な経験の過程である。この概念は、セラピィの中心概念である。

よって小山さんが述べているように、セラピストとクライエントの関係下で、その体験過程に積極的……このことは大切に、そして協力的に、しかもセラピストが解釈せずに、クライエント自からが納得して気持ちに納まる……しかも流れ出す……前進的に展開するように……セラピストが「かかわる」ことが重要なのである。

協力的にかかわるということは、相互交流を示している。解釈せずにというのは、心理的な交流感を大切にするということである。クライエント自からが納得して気持ちに納まるというのは、感動体験である。

発展性というのは、相互交流し、深い心理的なつながりを感じながら感動を体験することから生れるのである。

読者はそれぞれが、自分が人生の過程で、あの時が、とかあの出会いで、とかいう一瞬の時を経験していることかと思うが、自身の大切な宝となっていることであろう。セラピィとは、そういう性質のものを内在していることに深くめざめることが大切である。

人はやわらかく、あたたかくというものだけでなく、真実味のこもるストレートなもの、澄んだものに感応するのである。いわば、哀感のめざめである。音楽の深部には、哀感が流れている。ので、音楽療法となり得るのである。

小山さんの文章は、私に大切なことを、はっきりと感じさせる力がこもったものだった。

以下は記述内容をより明確に、私が再整理したものである。

機の感得

感得ということばは、感応ということばと一緒に用いられるのが普通である。「感ずる」のと「応ずる」がひとつであるというのである。

例えば、育児に於いて赤子が「ほしがる」のと、母親が赤子の口に自からの乳房を与えるタイミングが一緒である時に、赤子は喜び（心理的な満足）と母親の安定感が深まり、母子一体となって、充実した時間を味わうのである。そういう関係が大切だというふうに。

小山さんがセラピストの安定、距離感、変化の兆しをつかむ、即応反応等々に述べていることは、わかり易く生活の中でとらえると、母子の授乳のタイミングで表現することができよう。

要は「待つ」を時間的にとらえず、生活的、即ち「生きる」という場面でとらえることである。

空腹のときに長い時間をかけて料理するような「待たせ方」をしていないか。「待つ」には、セラピストのひとりよがりとも言える、そんな「ヒビキ」がひそんでいるように思う。

Ⅱ　音楽療法が心理療法となる
——基本の姿勢——

小山美保
2-②、4、6、7、8　師岡宏之

はじめに

セラピィでは、日常的なせわしさとは異なる時間の流れを多く経験します。その流れを生み出す間（ま）として「待つ」というセラピストの態度が大切になりますが、時間の経過とともに待つとは違う、能動的な動きが出てくるのが自然です。一般的にかかわりと呼ばれているところですが、自由感を基本とした積極性のある、けれどそれがクライエントの内的展開を自然に引き出すという姿勢に通じます。特に小さな子ども（幼児や児童）、うつなどの精神障害、ある種の発達障害、安定している自閉症のクライエントの方々と接する時は、セラピストの能動的な動きは有効であると感じます。

そのような観点から、ここでは「待つ」とは質の異なる考え方を紹介したいと思います。

音楽療法が心理療法となることを目指す場合、即時的にクライエントを感じとり、対応できることが大切になります。それはクライエントが自身に着目し、応ずることを助けることと同時に、セラピストと「交流する」交流感の形成にもなるからです。心理療法は、この「交流感」が中核となって、展開していくものと認めています。

以下に私（小山）が師岡カウンセリング研究所で学び、体験してきたことを土台に、大切と思うことを述べていきます。読者の皆様にとって、ご自身の視点が明確になるような資料となることを願っています。

1　実践場面を通して、自分自身を学ぶ

音楽療法を実践する際に、第一にクライエントの経験に立つ、ということが大切です。

この「クライエントの経験に立つ」とは、自分の経験の枠でみないことです。これがなかなか難しいのです。人は自分の思惑や、思いこみ、感情的な受けとり方など、さまざまな傾向をもっています。これを私は「我（が）」とよんでいます。そのような自身の枠は、自分では気づくことができません。

ですから第二に大切なのは、経験者とともに実践することです。その時の学ぶ姿勢そのものが、音楽療法の場での基本姿勢となっていき、自身の生きる姿勢として統合されていくのです。

音楽療法の核となる実践姿勢は、自身を学ぶこと、もうひとつは経験者とともにクライエントを感じとることを学ぶこと、即ち自身の直観力を強化することです。

2　セラピィでの関係感

①　人に学ぶ

乳児や幼児の成長をみていると、見て真似をする、やってみて快体験となる、同時に周りから認められることによろこびを感じ意欲が出るというように、本人の自発性が土台となって、同時に他者からの影響によって自分の行動が変化していくという経験が基盤になっています。

イ）人を感じる

私の師岡カウンセリング研究所での初めての実践研修は、見学のつもりで同席した通常のセッションで、師岡先生から「ピアノ弾いてみなさい」と言われ、初対面のクライエントと即興演奏をしたところから始まりました。この時、「クライエントのことやセラピィの知識はもっていなくていい」とも言われました。その時自分が感じられることを頼りに、音表現していく自由さと緊張感（精一杯やろうとする気持ちを掘り起こされる感じ）は、何年経っても身体の中に残っているようです。

その後初期の研修時には、師岡先生からしばしば「人を感じなさい」と言われました。セッション中の対談場面では、「ここに座りなさい」と言われて、クライエントと師岡先生の傍らで聴かせてもらったことがありました。その機会は、師岡先生の語り口とクライエントの方の応じる雰囲気といった間合いそのものに、直接触れた経験となりました。

ロ)「セラピィとは関係」

音楽療法であれその他のセラピィ（カウンセリング、遊戯療法等々）であれ、基盤となるのは人間関係です。師岡先生のことばでは「セラピィとは関係」ということになります。

セラピストがクライエントと対面しただけでは、展開は生まれません。そこで言えるのは「セラピィとは、心理的な交流関係」であるということです。そのために、心理的な交流はどのように形成されるのか、以下に師岡先生との実践から学んだこと、及び師岡先生の口述筆記を紹介します。

②　相互関係の進展——自己再体験の過程——

音楽療法とは、クライエント、セラピストの主に心理的交流関係を基盤とします。その過程で、クライエントは自分を再体験して、新しい自分に気づき、セラピストは自らの人間観に基づく、触発的な交流を働きかけます。その過程において、両者の促進的な交流が生まれ、特色ある展開過程が実現します。私（師岡）はそれをクライエントの自己再体験の過程ととらえています。

まずセラピストは、人はある心理的に特色のある環境下（風土）において、顕著な精神的な成長をする、という考え方に立っています。それは心理的な自由が保障され、しかも自らがおもむくままに、自分の内面に取り組み言語化することで、自らの新しい動機に触れて、積極的にその動機の実現に向かうという傾向を指しています。この一連の過程は、クライエントの自己再体験の過程と名付けることができます。再体験の過程とは成長のプロセスです。

この過程を実現するために、セラピストは以下のような対応反応をします。

(1)　指示をせず、クライエントの表現を待ちながら、内面の葛藤体験を感じとり、葛藤体験そのものを具体的に（明瞭に感じた範囲で）言語化する。音楽療法下においては、やわらかな音色で、その人の呼吸感のテンポでの音表現となる。

通常の言語表現を用いる心理療法下においては、セラピィの進展と同時に、自分を再体験し、自己洞察が進むのですが、自己の内面にある拒否感、攻撃感等の否定的感情に気づいていながら、それを直接表現することは困難なことです。音楽療法下においては、自身の葛藤体験の本質、即ち拒否感、攻撃感その他日常さまざまに味わう自己否定感の感情が、音楽体験によってまず最初に浮かび、言語的な表現を待つまでもなく、音楽作用によって浄化されることで、言語的表現も容易になります。この違いが、心理療法と音楽療法の最も大きな差です。

セラピストは、このような音楽療法下における経験の特色を、はっきりと自覚していることが大切です。

⑵　クライエントは、セラピストの対応反応から、その人にとって最も入りやすい端緒を得て、自身の内面へと関心が向くのである。
したがってセラピストは、クライエントを感じながら、促進的な気持ちで関心を向けながら、心理的な交流関係を音楽をもって形成していく。
（この時にセラピストおのおのが、自分にとって待つとは何かを、どのような心の姿勢かを、それぞれ明瞭にしてほしいと切に願っている）。

⑶　音楽療法においては、同質の原理*という言葉で、音楽療法士の音楽的対応を述べることが一般的であるが、それはクライエントの内面の再体験という私たちの視点に立つと、即さないのである。私たちは、クライエントの現状の感情の質に、また周辺的なところにも関心を向けて、その人を広く感じとりながら、その人のいまの感情の特質に合わせて即興的な音楽表現をする。そのことで、或いはそれに触発されることで、クライエントは内的葛藤が弱まり、前へ（自分の再体験を）進めるようになって、クライエントの音表現も独特の響きが増すのである。セラピストはクライエントに同化して、後ろからついていくのではないのである。
同質の原理*が役立つのは、極めて症状が重い人、即ち葛藤が深い人、あるいは意識的活動が濁っているような場合には、ゆっくり進む必要を認めている。その場合は、同質の原理という言葉がぴったりである。

＊　同質の原理（Iso-principle）
精神科医アルトシューラー（I. Altshuler）の提唱した考え方。患者の気分や精神テンポに合った音楽を使用することで、音楽に対する精神病患者の反応を促進させるのは有効であるとした見解。山松質文が、音楽療法での人間関係をつくりあげる過程の中心となっている考え方として紹介した。
山松質文著『障害児のための音楽療法』大日本図書、1984年、p. 76。
山松質文著『音楽療法へのアプローチ』音楽之友社、1997年、p. 114。

ここで、このようなセラピストの対応によって、触発的な影響を受けたクライエントは、一歩一歩進み出します。それは、音によるイメージ化、もしくは情動化であって、主として情動反応が高まることで、進む、広がる、或いはやや深まる、というように内面が拡大します。つまり自分がセラピストや音楽、場に適応した心地よさを味わうことになると同時に、自分を再体験しているのです。

この辺りまでが、極めて初期的な対応で、またセラピィの質を左右する大切な場面です。クライエント、セラピスト間の交流的関係の中で、クライエントはその人個有な音表現、音楽表現をもって自己を表現し、セラピストも自身の内面を具体的に音楽に託して表現し、相互関係を進展させていくのです。

3　セラピューティック（therapeutic）な関係感

人は他者との関係感によって、さまざまな感情を経験します。その関係下で生まれる影響が療法的な作用を伴う時、セラピューティック（therapeutic*）な関係感となり、心理療法としての音楽療法になります。

＊　セラピューティック（therapeutic）という表現は、日本のことばではぴったりするものが見当たりません。ここでは、診断的に観察するのではなく「本人の自発的動機を大切にする」という意味で用いています。

セラピィにおいて関係をつくること、即ち自己再体験過程が生まれるその構成要素は、音楽による対応関係と、言語による対応関係にあります。

①　広がりと深まり

表現は、他者によって応じ返された時、ひとりごとではなくなります。同時に経験の流れ[*]が生まれ出て、広がりをもち、また深みも生まれます。セラピストはその流れを支えつつ、広がりを深める反応をします。

＊　経験の流れとは、その人の思いとも言えるようなものです。そこは、感情の流れと思考の流れがありますが、感情の流れが中心です。

広がりを深めるというところは、多くのセラピストには、あまり意識されていないように感じます。クライエントの今の経験の言語表現に触れて、セラピストがその言語表現を、広がりとして受けとめます。意味の確認をしつつ、その表現に含まれる感情を明瞭に言語化できた時にそれを伝えると、クライエントがより現実的な自分の経験として受けとめて、クライエント自身がそこを深めていきます。その深まった状態を、セラピストが十分に受けとめて対応する、ここに広がりと深まり[*]が生まれるように思います。

＊　例えて言えば、広がりとは、“こういうことがあった”“そういえばこういうこともある”という体験感で、深まりとは、“ああそうか”というハッとする気づきを伴い、意味を発見する体験というような意味合いです。

②　着目しているところ

イ）全体的なその人から感じるもの

内面的な流れとして

関心の度合い　　高い　－　低い
表現するときの態度　　積極的　－　消極的
情動体験　　快　…もやもや…　不快
集中の程度　　高い　－　低い

「身体表情」

動き　　速い　－　遅い
身体つき　　しなやか　－　ぎこちない
表情　　やわらかい　－　かたい

ロ）上記を感じとり、応じ返す時

テンポ感	適度に軽快	−	ゆっくり
始めの声質や音色	やわらかく	−	はっきり（明瞭に）
音の強弱	アクセントを含む	−	ごく弱く
全体的な音量	包み込むように響く	−	クライエントのエネルギー感に添って
流れ	リズミカルに	−	音の連なりをなめらかに

演奏時の音楽表現として

クライエントの内部経験に沿って、始めの音や中心音等々が定まる

これらを主として、セラピストの音楽表現が配慮を伴って演奏される。

参照　実際場面での演奏の詳細は、「第３章　Ⅱ」をご覧ください。

ハ）そのあとの展開

クライエントの内的な躍動感、沈静感等々は、間合いや抑揚感、明瞭感に表われ、（特に音楽表現では）調性やリズム、曲想等々が変化します。

③「自己のあじわい」を伴う

これらの表現による交流過程を経て、セラピスト、クライエント間に一致感とも言える交流感があるとき、クライエントにとって表現していることと自身の感情にも、一致感が生まれていると感じます。そして、ある情動（否定感、拒否感、攻撃感などを含む）が流れ出し、日常生活でのさまざまな出来事に対する感情体験が表現され、自身を再体験します。

ここは演奏後の対談、或いは短い言語表現によるやりとりで確かめられ、クライエント、セラピスト両者にとって明瞭になっていくと同時に、その場で生まれた新しい動機、即ちクライエント自身の再体験を伴って、両者ともに次の演奏へ進みます。

その時その場で生まれる「即今即所」の体験感が、セラピィの流動性であり、人の心の流れの柔軟さであり、セラピューティックな作用をもたらす関係感であり、その内容は「自己のあじわい」即ち「再体験」です。

4　再体験過程の展開と進展

①　葛藤と内面への直視体験――2、3、4回目――

2回、3回とセラピィを重ねていくこと（通常は週1回の頻度）で、大多数のクライエントは、3、ないしは4回目の場面で、極めて実りのある経験へと進みます。

具体的には、自分自身に触れるという場面です。ここでは、クライエントの音楽表現の特色が際立ちます。それは力感（りきかん）であり、明瞭感であり、感情的快の表現です。

セラピストは、ひとつの過程としてクライエントを味わう傾向が強くあります。その過程で、クライエントが体験するであろうもろもろの経験に対して、その場その場の促進的躍動感を味わい、クライエントの内的活動を十分に受けとめつつも、セラピストとしての演奏動機をより重視するようになります。一方クライエントは、音楽を促進的に受けとめ、自分を浄化しつつ、再体験を自覚的に経験しながら、音楽をより深く、沈静的且つ促進的に味わうようになってゆくのです。

以上は音楽を聴くということを中心とした、受動的音楽療法の場合です。クライエントもセラピストも、ともに即興演奏をするような場面においては、テンポ感、メロディー性、音域の中・高・低の表現をクライエントの質的変化と認め、その感情経験の変化を十分に生かしながら、セラピストもまた自己の音楽表現を届けるのです。

このような配慮をもったセラピストの音楽によって、クライエントはいっそう自己の内面の変化と音表現の一体感を味わい、内面の感情の変化が生まれ、自己再体験がより促進的に進むようになります。クライエントがより自分の音楽を表現できるということは、セラピストのクライエントを十分味わった音楽表現の影響なしには起こらないのです。

ここで期待されるのは、クライエントがより自発的となり、葛藤からも解放されることです（また次に新しい葛藤が起こります。葛藤は常に起こります。ですが新しい動機を形成するための葛藤です。それは、どうしていいかわからないというのではなく、葛藤の質が変わったのです）。

この過程を要約すれば、自己の内面への直視的体験と言えます（この3、4回目の場面が不十分だと、クライエントの気持ちがセラピィから離れて、中断ということが起こり得ます）。

3、4回を境として、クライエントの展開の様相が、質的変化を伴って進展します。内的には、「感情の情操化過程」です。或いは、「自己の内面の強化段階」です。

②　内面の展開

人は、葛藤がなくなるということは、ありません。またある種の苦痛感がなくなる、ということもないでしょう。生きるという営みは苦痛を伴うものだし、葛藤も経験します。ですがこの段階からの、音楽療法下における人間の内面の展開は、極めて特色あるものであって、私たちがセラピィという体験から、多くを学ぶところです。

即ち葛藤がなくなるのではなくて、肯定的に経験する。ある種の生きる苦痛がなくなるのではなくて、停滞や身体的な苦痛感を伴うということがほぼ起こらなくなる、ということです。

イ）相互交流感

さて、具体的に記述してみましょう。

クライエントが今まで避けていた楽器に取り組むというのは、自分の内面にぴったりする楽器を選ぶ、とも言えます。例えば、易しいから、音が出しやすいから、とバスドラムを選択した人が、バスドラムでは今の自分の内面を十分に表現できないのでピアノに挑戦するとか、マリンバによって自分を表現してみるとか、或いは弦楽器を選択するとか、というように、楽器への関心が異なってくるのが特色です。

ピアノを選んだ人の場合の、セラピストと連弾をするという場面で、まずセラピストがクライエントの楽器への関心からその選択動機を感じとり、どのような気持ちを表現したがっているか、その積極性に、また自分への肯定感に着目して、低音部の和音を人間の歩調のように音として表現します。そうするとクライエントは中音、もしくは高音域で、あるモチーフになる前の音を表現します。こうした相互の音化を契機として、ダイナミックな音楽化へと進展します。セラピストは、より自分自身を表現することになりますが、それはクライエントの内的経験の、今の気持ちの中核に対応することとなります。即ち肯定感、意欲へ向けて演奏を続けるのです。

多くの場合、力動的*なハーモニーとなります。時には、個が際立ちつつ調和的な様相になってきます。演奏後においては、ほとんどのクライエント達が一様に、自分が新しい自分になった、というような言葉でこの場面を述べるのです。或いは自分にびっくりした、“こんな表現ができるんだ”という大きな充実感を言葉にします。

＊　この場合の「力動的」とは、下記のような意味合いとなります。
・循環性がある
・影響を受け合う
・ダイナミックな躍動感がある
・触発性を秘めている
・協調的関係である

この段階では、セラピスト、クライエントの即興音楽による相互交流感が中心です。

ロ）内面の転換体験

次に、クライエントには内面の転換が起こります。その内面の転換は、クライエントによる回想的表現から起こったり、イメージが湧き出てくる体験となったり、セラピストに出逢ったという関係感の充実等々を中核として引き起こされます。それは例えば、予期不安の強い人が、事前の準備をしなくていいと納得して挑戦してみるとか、ある種の身体的苦痛感から解放されて、自分の生活者としての心がまえが転換するといったような、こだわりからの解放といった形で現れたりすることもあります。

クライエントは、セラピィ室全体に改めて視線を送り、慎重に楽器を選択します。それが印象的です。時にはそのセラピィ室にないような楽器を欲しい、という場合もあります。ですがその場の楽器を選び、従来の習慣的な演奏とは違う演奏をするのです。そこからは、より自由に、より自分に即して、或いは自分の表現したいものに忠実に、という姿勢がうかがえます。

この場面は力感のある、深みのある、流動感のある、生命感あふれる音のつながり、とも言えるような即興演奏となります。したがってセラピストも、ひとりの人として誠実に、また自分の創り出す音楽に魂を込めて、即応的に対応します。交流感とともに、出逢いという言葉に含まれるような感動を伴った相互交流を目指し、協力するのです。

多くのクライエントは、懐かしい場面のイメージを浮かべたり、幼少期の体験、神社のお祭りとか、風景とともに祭りのお囃子、また自分が育ったところの風景の中で、いわば自分の最も印象的な懐かしい心の絵の中で、自分を再体験するのです。

私は「感情の情操化過程」と名付けてみました。ここでは、人生の底に流れる哀しみや、或いは深い、美しいものに囲まれた心理的環境の中で、自らの人生を新しい視点で生きようということばにふさわしい自覚体験が生まれるのが特色です。

ハ）まとめ

以上が時系列的に、クライエントの自己再体験のプロセスを要約したものです。と同時に、セラピストの基本の姿勢と具体的な対応反応を述べました。

セラピストについて加えて述べるなら、感じとり即応する、という連続的なクライエントへの働きかけではありますが、クライエントの内的経験の特色に応じて配慮が加えられていることがうかがえます。セラピィという関係は技術的な反応ではなくて、その時その場の生きた反応です。

参照　「再体験過程」について詳細は、「第６章　ⅡⅢ」をご覧下さい。

5　関係感の変化を重視する――セラピストの基本姿勢――

その時その場での関係感において何を重視するかは、セラピストそれぞれにゆだねられます。ですからセラピスト自身が、クライエントと関係をつくる基盤となる考え方をもつことが大切です。

関係をつくるとは、お互いに影響を受け合うということです。そして他者の影響を受ける時には、応じ合いが起こっています。音楽療法は音を介した関係ですから、音の表現によって関係感も変化します。そのかかわりの基盤にあるのが、セラピストの基本の姿勢です。

音楽療法におけるセラピストの基本姿勢には、同質の原理（山松質文がアルトシュラーの考え方から引用）がその考え方の土台に長年にわたり根強くあったように感じます。またカウンセリングとしてカール・ロジャーズの提唱した、受容という考え方にも大きな影響を受けてきたように思います。

２つの概念を挙げましたが、何気なく実践姿勢として取り入れている考え方は、セラピィの質を決める要素となるので、セラピスト自身が自覚することが大切です。

過去に述べられているさまざまな原則的な考え方は、受け容れやすいが故に深く吟味されることなく取り入れられているのが現状です。

このような考え方が受け入れやすく、また広まったというのは、セラピストとして相手を最大限受け容れながら、相手が表現する負担感を増さないよう配慮しようとする、多くの人の気持ちに即したためではないかと推察します。ですが真の人間関係は、受け容れるだけでは、ある段階から前進しにくくなります。

同質の原理にしても、受容にしても、単にクライエントに追随したり同調することを重視するという意味合いではありません（例えば同情的反応は同化を招き、お互いの個別性が薄れる可能性を含みます）。クライエントは、自身の個別な体験を受け容れられることで、前進力を得るのです。

先達の原理や考え方に触れて、その意味を吟味しつつ、実践においては自身の行動原理、即ち自分はこうしたくなる、を明瞭にしていくことが大切であると考えています。私たちは、クライエントの中心感情の了解を基に、進展していくクライエントの感情体験の質の変化に応じつつ、関係感の変化を重視しています（ここはセラピスト自身が、スーパーバイザーとともに人生を学びながら、またセラピューティックな他者関係のある定期的な勉強会等の場で、まず自分の体験に開かれ、実感を伴って腑に落ちるという了解体験をもつことで、感性が育ち可能になっていくように感じます）。

人の内的展開には「志向性」が含まれています。関係が展開し、展開過程が進展していくその作用力を、セラピストがきっかけをつくり、クライエントが生み出していくのです。

6　交流を構築していく

実践を大局的にとらえて記述してきましたが、関係感が成立しにくい人も実際には多く、主として発達障害とか、気持ちが否定的、やや拒否的な人もかなりセラピィを希望します。これまでの私（師岡）の経験では、本人の直接的な希望とは言えない場合でも（保護者の願いのほうが強いかもしれませんが）弱いけれど動機があって来所していると言えます。

このような場面では、セラピストがかなり問われると思います。何を問われているのか、それは耐性であり、また多岐にわたる感得力であり、表現力の多様さでもあります。

耐性というのは、関係の構築に対する幅の多様性とも言い換えられるのですが、自分なりに即時対応できること、簡潔に言えば順応的対応力となります。セラピストが自身の創造力を多様に発揮しつつ、クライエントの萎縮している活動性の再生に、かかわり続けるのです。一方的にならないよう配慮しつつ応答関係をつくりあげ、それを基盤とする心的相互性をつくる過程が大切になります。ですが心的相互性は、クライエントからはなかなか実感的に表現されないものですから、顔の表情、身体の表情を手がかりとして、多様な構成をしながら、クライエントからの自発性の発動を待ちつつ、こまやかな援助的交流をつくる工夫をするのです。

具体的には、クライエントの小さな変化にかかわるということになります。非常に大切なことですが、クライエントの「つまずき」或いは「失敗感」にも、発展の原動力があるという考え方です。

クライエントにとっては、「失敗した」という思いも、セラピストにとっては「かかわりの手がかり」が目の前にあるのです。音の表現であれば、その「つまずき」なり「失敗感」が生み出す「間（ま）」を生かして、音の交流を構築していくのです。言語的には、『失敗したという感じのようですね、……けれどそれは大切な自分の表現ですね』とか『それもありですね』というような対応反応です。今の自分をクライエントが十分に感じとること、即ち否定感のみでとらえないようになり、関係感に開かれていく体験につながるようです。

このように関係の構築に困難さの伴う人、もしくは場面へのアプローチも、セラピィには含まれています。

① さまざまな交流過程——個別的な相違から——

自分を再体験するということは、クライエントの今の状態、あるいは個性的な違い、あるいは発達上の障害（障害ということばは、あまり使いたい言葉ではないのですが、一番大切なのは、個性という観方でしょう）の程度、もしくは言葉がその人に伝わるその難易度、吸収の仕方に大きな隔たりがある場合等々、個別的な相違があるので、もう少し詳細に述べてみたいと思います。

イ）健常者

通常、健常者（あまり配慮がいらない人、しかし基本的な配慮は必要です。自身の再体験も今の経験をもとに、セラピストと交流ができる人といった意味ですが、人によってはその交流が、非常に狭い範囲である場合もあります。それは主として、攻撃的拒否感が強い人）の場合には、セラピィは一般的な配慮に加えて、個々の人の経験する力の差に着目して、交流過程をゆっくりと、しかも確かめながら、ということが大切です。

ロ）言葉のない（少ない）障害のある幼児・児童

言葉のない（少ない）障害のある幼児・児童に対面したときには、ひとつは言語的なかかわりをかなり多くもつことが大切で、あまり顔や目を直視することは避けたいものです。視線は常に、クライエントの胸辺り、もしくは足に向けます。クライエントの歩調は、音楽の演奏テンポやリズムを決めたりするセラピストの表現に、重要な手がかりとなるでしょう。

そして相手の経験を、創造的（creative）にセラピストが経験することで、例えば歩調の変化とか、躍動的な変化であればそこに感情経験の変化を認め、そのクライエントが音表現を積極的にできるように、支えながらセラピストは声を出してうたう（セラピストの内的表現として声を出す）ことで、交流感の深まりを生み出すでしょう。

もしセラピストが十分な手ごたえを経験しているときには、積極的な感じを表現することも大切であると認めるところですが、早すぎない（展開を急がない）ことに留意することが必要です。

ハ）アスペルガー症候群

アスペルガー症候群に属すると呼ばれるようなクライエントの場合には、さらに複雑で、きめ細かなかかわりが必要であることを認めます。逆に言えば、音楽表現が大胆であること、流動的であること等々が、矛盾するような表現になりますが、現状のクライエントの心の底辺に響くのです。

場合によってはクライエントの反応は、セラピストが期待するような方向性とか、積極的な交流感のある過程とは認めがたいものが続くでしょう。しかし偶発的な機会に恵まれて、あぁ通じていたんだ、と思われるような場面が必ず展開するという信念的姿勢をもって、セラピストはその場その時の感情経験を、あるいは情動体験を、クライエントに向けて表現することが重要です。また、あまりテクニカルなものに依存しないことも大切です。

私（師岡）はクライエントが、急に涙ぐんで歌を歌いだすような場面をしばしば経験しました。だからといってその表現に偏らず、セラピスト自身の経験の幅を広げることを第一とし、クライエントを先生と見立てて学ぶ姿勢が重要です。

いわばセラピストの独創的な創造力のみが、彼らとの交流感をつくり出すのです。こうやればこうなるというのは何ひとつないのが特徴です。セラピストが創造力豊かになることで、あたたかさ、安定感、緊張感がもたらす場の雰囲気となり、その中で多くの困難なクライエントたちが、今を味わい、セラピストと交流ができるようになるということが、私たちの臨床体験の事実である、と加えておきたいと思います。

あとひとつ重要なことを書き加えるとすれば、セラピストが文献に依存しないことです。セラピストは自身の感性を生かす以外に方法はないのです。と同時に、瞬時の対応力です。それが場の構成力です。

②　身体的症状の随伴という問題

身体的症状を随伴するケースでは、クライエントが感じている身体的苦痛感から、クライエント本人だけでなく保護者も体の異常感を病気と同列に考えている状況であり、そこにセラピストがどのようにかかわるのかということが必要です。

医師による自律神経の緊張から起こるという説明は、保護者にとってもクライエントにとっても、あまり実感的な納得を形成はしていません。そのことが却って、大きな不安を抱え込む一因ともなっています。

私（師岡）は、音楽療法士や心理治療家は、医師が患者にするように症状を説明することはしないほうが良いと思っています。それは借り物の知識であって、自分が体について隅々まで医学的な説明をできるわけではない、というのが第一の理由です。第二は、セラピストがそのことを解説的に取り上げないことが大切かと思います。体験的に概略を述べてみましょう。

イ）身体的苦痛について

私（師岡）の体験から確信をもって言えることは、頭痛、下痢等、或いは身体的不安を伴う痛みというものは、クライエントが身体的苦痛にこだわらなければ、あるいは執着的関心を向けなければ、今の自分の再体験的味わい、及びセラピストとの交流感の充実感によって、解消していくものです。

特に吐き気、腹痛は、セラピストとの交流の賜物（たまもの）である心理的な安定感、即ち不安感の減少、並びに予期不安（やる前にこれから起こることをいろいろ心配して考えてしまうことによって生ずる不安）の解消によって、ほぼ消滅してゆく症状です。

その過程をやや詳細に述べると、ひとつは心理的な緊張感、２つは自己表現の苦手意識、それによる疎外感等が、セラピストとの交流の深まり、同時に楽しいということを躍動感を味わいながら経験することで、その人本来の自発性にめざめる、あるいは自発性を発揮できるようになります。

そのことで日常の生活行動が変化し、過緊張状態が解消することで、心理的な安定を得るようになります。通常３回から６回のセラピィで達成できます。

次に、セラピィ回数と過程の展開の特色について述べます。

ロ）セラピィ回数とその経過的展開――症状が薄れる――

１回目は何をしていいかわからず、ただぼやっとするか、固まっているか、“どうしたらいいの”というような表情的表現があります。セラピストはクライエントのこれらの依存的表現を、何々したいという動機的表現に転換していくのです。“誰々ちゃんはこれしたいんだけど、今迷ってるんだ”とか、音楽療法であればセラピストのほうが音を出す、間をとることで、クライエントの音楽表現が起こります。これをもとに、セラピストは情動的に音、音楽を提供するのです。といってもそう長い表現ではなく、クライエントが触発されて返す間をつくることが大事です。

こうした展開を丁寧に、けれど楽しみながら続けることで、２回目３回目と無難に展開は続きます。

ところが４回目辺りに、セラピストの実力が問われる大きな場面が展開します。それはクライエントは、“もっと自分を表現したい”という段階なのです。ですがその動機を素直に、セラピストにわかるように表現できないのも、セラピストにうまく届かないひとつの理由です。なんかぎくしゃくした、ほぼ10分間くらいの展開があって、初めてセラピストが気づくのです。即ち“もっと違う楽器を表現したい”とか、“もっとセラピストと仲良くなりたい”とか、直接的には身体的接触がしたいとか、“あのね……”とか言葉を投げかけたいとか、等々を躊躇しているのです。この躊躇を、受容というようなセラピスト独自の考え方で対応していると、セラピィは中断してしまいます。

私（師岡）は受容ということとは別な実践原理（交流的援助）をもっています。受容的対応ではなく、創造的直観による対応が求められる場面です。よってセラピストがやや積極的な気持ちで、クライエントの行きたい方向を感じとって、ゆっくりと交流感を形成していくことが大切です。

このクライエントの内的動機を感じとる、ということが感得力として大切になります。ここで、相互に納得できる場面が展開することによって、大きな前進を経験します。同時に身体的苦痛を伴う症状が薄れ、実感的自己を味わい（実感的に自分を味わう）、一気に深い交流感も生まれるのです。

記述的に紹介すると、以上のような経過的展開なのですが、この展開過程において、身体的苦痛感を伴う症状は寛解してゆきます。

ハ）チックや頻尿という身体症状の場合

チックとか頻尿とか、この異和感も同様の展開過程を経験することで、寛解することが期待できます。セラピィの期間と回数で表記すれば、４か月（10回）～６か月（16回）くらいを必要とします。症状の寛解の経過は同じ質なのですが、頻尿は膀胱の過活動がもとの働きを取り戻すのに、やや時間がかかります。チック症――目のまばたきとか、体をぐにゃぐにゃするとか、声を出すとか――も症状の現れ方には、多種多様の面があります。これも相当時間がかかります。

より難しいのは、習慣性夜尿症です。これは１年から１年半のセラピィの継続が必要であると同時に、本人よりは保護者へのアプローチ、即ち叱責、「いつまでおねしょしているの」というような投げやりな攻撃的表現、保護者が夜尿による洗濯物を表に干したことで、子どもが自分に対する親の攻撃だととった場合もありますので、さまざまな配慮が必要となってきます。

ですがこれらのことも、セラピストが文献に依存せずに、自身の実践的な体験から謙虚に学ぶということが重要で、その展開過程を歩むことで、セラピストも大きな質的転換をするのです。

7　セラピストが能動的に動く

クライエントに停滞感が出ても、クライエントはその時の能力を最大限に発揮している、という観方が大切であると思います。その停滞感にセラピストがとらわれずに、“私はこう感じました”と具体的な表現で返す、或いは“次はこうしてみましょう”と方向性（今実践すること）を明確にする、言語的には“のびのびと”とか、“低音域も使って”とか、“こういうリズムもありますよ”等々の援助的、直接的かかわりになると思います。即興演奏でクライエントの自発的な音表現が進まない時は、その時のクライエントのイメージや曲想に合うよう、“海”とか“空”等の主題を伝えることで、演奏に向かう気持ちが徐々に生き生きしていく場面も経験しました。

クライエントを受け容れるという一面が強調されていますが、セラピストが能動的に動くというもう一方の面を、私たちは強調したいと思っています。場面の展開性は、クライエントのみでなく、セラピストにもその任が問われています。クライエントを大切にするとは、クライエントにセラピストが協力して、自己発揮を援助するということです。

そのためには、

初期場面（１〜２回）

クライエントの今の願望、感情の質を感じとり、しかしクライエントの中心に深く対応、反応しないこと。要約すれば、心理的自由を最大の目標とすること。

３〜４回

情緒（快）を明瞭に伝えること、同時にクライエントの負の面に対して、セラピストは無条件的に開かれていることが伝わること。

５〜６回

だんだんクライエントの中心的な感情、欲求等、またクライエントもセラピストも今の自分の状態等にも気持ちが開かれてきていると感じられるようになり、クライエントの中核感情が明瞭に感じられる。よって、防衛的態度も変化してくる。この時のセラピストの対応が、セラピィを左右する。私（師岡）は、自身の直観的対応を重視している。

参照　クライエントの過程の特色について詳細は、「第６章　Ⅲ」で述べています。

8　交流感の深まり

①　深い交流感について——例えばＦさんの場合——

嫉妬感情とか攻撃的拒否感を表現できず、内に収めたつもりでいる人の、偏頭痛、吐き気、耳鳴り等を主訴とするクライエントとのカウンセリング、及び音楽療法の体験から、私（師岡）が学んだこと。

イ）言語的交流から——直観的了解を伝える——

Ｆさんの場合には、自分の経験領域の幅を常にコントロールしているように思います（これは私の感じ方）。そして自分の表現の先にある、ある経験、ある気持ちは、自覚していながら交流の素材として、即ち今の自分を経験するということを素直にしません。このような、ある傾向の強い人のように思われますが、私はそのことに関しては、自分のほうから積極的に触れることはありません。Fさんが、“こういう自分だ”という今の味わいを述べた範囲において、交流するということを続けてきました。

そうすることで、例えば耳鳴りはとれるけれど、今度は立ちくらみとかがひどい、という症状転移ともとれる場面が起こりました。すると、ある葛藤体験を言語化します。Fさんの場合は症状の苦痛、症状転移による不安によって、自分を表現する範囲や内容を変えるという特色があるのです。

そういう展開過程を続けていくと、クライエントはだんだん、「もう私は十分自分を表現しました。しかしこの症状は新しく出てきて止まりません。良くならないんですが」というような、場面を再構成するチャンスが訪れます。このときがセラピストとして一番大事なところです。

「私はあなたが安心して提供してくれる、深さ、広さに応じて交流を深めています。しかし私の直観的な了解内容を伝えてもよろしいでしょうか。それはあなたには、ややバランスを崩すような表現ともなるかと思うんですが」というようなことで、場面を再構成すると、「私としてはもう何もないんですが」という表現となって返ってきます。

「私は具体的な事柄はわかりませんが、嫉妬感とか拒否感というような、ある攻撃感情が感じとれますが」というような応じ方をします。

ロ）音楽的交流を経て――新しい洞察を生む――

このような場合私は、音楽療法へと誘う場合が多いです。音楽療法は言葉と違って、防衛的心情を強くは形成しないという特色があります。Fさんは、音を出しやすい打楽器を選びました。

このような音楽的交流は、『自分に安心する』という場になるようです。この、自分が自分自身に安心できるということが重要なのです。次の面談に、「私初めて感じたんですが、他人に対して非常に拒否的、攻撃的な自分がいるんです」というような言語表現を生み出してくれます。時には音楽療法の場面で、非常に流動的、情動的、しかもアグレッシブ（aggressive）な表現をするときがあります。この躍動感のある集中体験は、のちの対談場面において、また飛躍的な言語表現を生み出します。それは、「人に親しみを感じるというようなことは、私は経験してこなかった」というような表現となります。

このように、自分を経験する領域が広がる、深まることで、交流領域も深まり広がります。その体験が、新しい洞察を生むのです。それは、「私は生まれてからずうっと、ずうっと、人をねたみ、攻撃する気持ちをもちながら、ねじれて、自分を隠し、能面をつけていたような私でした」というような表現を生み出すのです。このような段階に至って、セラピィの持続に至るのです。

ハ）セラピィの中核は、深い交流感

古くから言われているように、クライエントに学びながら、クライエントとの深い交流感の中で、信念的確信が生まれ育つのです。文献に頼っていると信念的確信の目覚めがなく、ただ物知りのセラピストになる危険性が高いのです。

セラピィの中核は、クライエントとの深い交流感にあるのです。

ニ）自分を経験する――深い確信――

私は交流感が生まれたときに、その人の中核的な身体症状が薄れていく、という体験をしています。私にできることはこのクライエントが、クライエント自身としてより深く、より広く、より流動的に、より情動的に、より情操的に自分を経験すること、その場面を提供することです。

こうした経験を積み重ねて、広げていくことで、精神機能への触発的強化作用を経験し、セラピストとしての直観的経験を信頼できるようになってゆくのです。

深い確信というのは、「クライエントとともに経験をする、同時に深い交流的実感を味わうこと」です。

まとめ

ここでは、セラピストの対応反応、その影響下で起こるセラピィでの関係感、及びクライエントの内的展開と個別的な進展のプロセス等を中心に述べてきました。

セラピストとしてかかわる時に、自身が重視している内的姿勢を自覚するのは大切であると感じます。その姿勢について私（小山）が記述したものを師岡

先生に読んでいただいたところ、過程の展開についてさまざま述べられましたので、口述筆記して書き加えました。これらは、私たちのセラピィ体験から生まれたものです。

セラピィの展開を生み出すのは、クライエントに応じていくセラピストの創造的直観による対応であると痛感しています。ここは実践による経験に加え、クライエントその人がよくなる（この場合、症状軽減だけでなく、自分を肯定して生きていく活力が生まれたり、困難さに対応する柔軟さをもつようになるという態度の変化等々を意味します）という過程の事実を（自分が師と認める人とともに）体験していくことなしには、なかなか実感しにくいことも確かです。セラピィにおける自身の基本姿勢に着目することで、目指すものを明確にすることが必要です。

「基本姿勢は十数年かけて、みなさんそれぞれに自分の姿勢というものをつくっていっていってください」

音楽療法を学ぼうと初期の頃に参加した、東邦音楽大学でのミュージックセラピィ研究会で師岡先生が仰いました。そしてその後、

「いや、基本姿勢は十数年では足りないな、20 年 30 年、自分のセラピィ人生を賭けてつくっていくものであるかもしれません」

と言い添えられました。当時は長い年月がかかることに驚いたのと同時に、意味がよくわからなかったので強く印象に残ったという感じでしたが、今になって納得感をもって受けとめられるようになりました。

音楽療法では、どのような音を出したときにクライエントに変化が起きたのかという視点に関心が向けられるようです。一方でセラピスト自身の内的な流れが、クライエントにかかわる時の態度に表現されると感じます。セラピストが複数いる場面では、基本姿勢に共通したものがあり、同時に味わいに共感が起こっている時、セラピスト各々の個有な表現や音遣いが生き、クライエントへ伝わる表現となることを感じます。

自身の態度について、重視したいと自覚しているところを言語化してみましたが、セラピィの場においては、まずは自然なふるまい（かたい過緊張状態でなく）であると同時に、学んだことに徹しきれているかどうか、今のところ私自身の態度を吟味するものさしになっています。独自性というのはまだ先にある

ように思いますが、それは年数をかけてつくりあげていくものであり、セラピストの内的成長とともにあることを、深く実感しています。

第4章　実践例から
——音楽がセラピィとなるまで——

I　音楽は人の心を開く

小山美保

〔1〕交流感と成長力

はじめに

人が音楽に親しむ、というのは、ごく自然なこととして受けとめられています。苦しみや辛さを味わい、音に触れて自分の感情体験に目覚めるなど、音楽は心の叫びに直結することを、私たちは生活のなかでもしばしば体験します。音楽によってもたらされる情動体験は、人と人とをつなぐ働きをもっているのです。

私は演奏する時に、音を奏でることに即して味わい、感動体験をもって、自分の感情を浄化していることに気がつきました。そのような作用力をもっているのが、音楽であると言えます。

例えばショパンのノクターンを弾いていると、人間関係でショパンが経験したであろう裏切りやそれに伴う怒りや葛藤といった感情が、メロディーや和声の変化とともに沈静化され、ある諦めの心境に辿り着き、どうしようもないかなしみを感じながら、生きる味わいへと至るように感じます。そして人が経験する感情体験の過程を、比較的わかり易い音楽美で伝えているように感じます。

師岡先生は
「音楽とは、哀感に寄り添うものである」
と言います。音楽に秘められた哀感は、人が生きるとき隣り合わせのように、味わいが滲み出し、高揚感や促進、安定、沈静感をもたらすのみでなく、交流感を形成するものです。

1　音で表現するということ

音は身近なものであるにもかかわらず、その音を自分で創り出すということになると、人は躊躇します。楽器を目の前にすると、この楽器はこういう音の出し方をするものである、という先入観に縛られがちです。特に楽器に慣れ親しんでいないクライエントにとっては、葛藤感が強いようです。

師岡先生は「楽器の常識的な演奏法にとらわれないで」と言います。例えば、ピアノ等の鍵盤は指を動かして弾く、という固定観念で楽器に向かうのではなく、手のひらで音を出すことがあっていいのです。

例えばあるセラピィ場面では、グランドピアノの蓋を全開にし、クライエントがマレットでピアノの弦を上から叩く表現をする、ということもありました。過動気味であったクライエントは、その音の出し方に楽しさを感じたようで、そのままセラピストとの演奏へと発展しました。このような時、音は自己表現であり、安定を促進しています。

それぞれ自分の専門楽器での表現が、相手にどのように伝わるのか、一般的な奏法でないところも含めて、セラピィの場では新しい発想が求められているように感じます。ですが、それはあくまでも、クライエントの内的感情体験に沿うという着眼であって、奇抜な音作りを目的とすることとは異なります。

2　その場で生まれる人間関係

クライエントの音表現を、その場での感情表現として受けとるとき、応じるセラピストはその場で即、音で応じることになります。或いはことばで応じ返すときもあります。

それを「セラピストの即興的なかかわり」ということばで、私たちは表現しています。

表現を音に限定せず、自身の気持ちが動いたところで表現として応ずる、という人間関係の土台がここにあります。ですから、音でもことばでも、或いは身体の雰囲気にしても、この私を通してクライエントに伝えるというところで、即興的であるのです。

そのようなその場に即した表現でクライエントに応じ返すことによって、クライエントもまた自身の表現を返してくるという場面をしばしば経験します。次に具体的に、音楽表現を介して、即時的にクライエントとかかわっていった場面を紹介します。

①　聴く、ということから

セラピィ中に小学校3年生の男子（過剰な緊張によって安定感をなくし、対面していることに困難さがあるクライエント）と話をしていたときのことです。クライエントは、ソファーの上に寝ころんだまま動こうとしない、という状態でした。

クライエントの日常生活感をきっかけに話しかけていた時でした。自分にこういうものがあったらいいのになぁ……と思うことはない？　と訊ねたとき、『何もないよ』という返事でした。そこで私は、自分が子どもの時は“頭がよかったらいいなぁ”とずっと思っていた、という話をしました。『頭はあまりよくならなかったと思うけど、ピアノを弾いてみんなと仲良くなれるようになったんだ』と言うと

『よかったね』

と即時的に、しかもごく自然に返してくれました。私も

『うん、よかった』

と応じました。その子なりの自然で素直な反応があったことに驚きました。そして気持ちも新たになって

『またピアノ弾くね、次なんの曲にしようか』

と言うと、クライエントは

『あわてんぼうの（サンタクロースの意）……』

と自ら希望する曲を伝えてきました。4番まで弾き歌いをしている間、非常に静かで落ち着いた雰囲気がありました。歌ったり楽器を叩いたり、という自発的な表現はありませんでしたが、ソファーの上で寝転んだり腹ばいになったりしながらも、聴いているのが伝わってきました。他者関係の中である安定的な状態を「得られる」、ということをその子にもたらしました。

音表現の世界は、その人なりの心の自由を得ることができます。よって聴き方もさまざまになります。そのような関係の自由さ——他者に対して評価的な

（いい、悪い、正しい、間違っている、とみなす）観方を含まない——として、人の心を縛らないのです。

②　無自覚の自覚化体験

音がある時、間（ま）の沈黙がかえって相手の気配を伝えてくるように感じます。そして人間関係のある音は、他者に音を伝えるとき、浸透性が感じられます。

例えば幼児がグランドピアノの下に隠れ、自分の姿が見えないようにしている時に、何かが潜んでいるような効果音的な音色を出したり、音を出さないで静かに待つことを繰り返すと、あるタイミングで、『ばぁーっ！』と飛びだしてくることをよく経験します。発達障害の、あるクライエントと、そのような気配の感じ合いを期待していると思われる場面を、しばしば経験しました。

人間関係では、思いがけない瞬間が訪れる時に関心をひかれます。それは音という世界において、際立つ特色でもあります。ただその「時」を瞬間に発展させて心の交流過程を「創る」ことは、そう簡単ではありません。

また別の機会には、クライエントの動きと偶発的な音表現のやりとりを繰り返す中で、クライエントが物語りを始めることもありました。例えば、クライエント自身が動物になったり、その動物に託して気持ちを表現していることもあります。

こうした物語性を、イメージとして広げていくのか、或いは自己表現としてもっと積極的に相互関係を発展させていくのか、そこはセラピストの感性によることでしょう。

小学校1年生の女の子（発達障害）とのセラピィで、その子の身体及び言語表現に対して、ピアノで即興的な音で応じていた時でした。始めはヒヨコであったのがカラスになる、けれどワシがそのカラスを閉じ込めようとした、捕まえられた後に逃がされた、というお話になっていきました。その子の体験感から想像すると、学齢期になり日常的にさまざま課題を課されることに対して、心理的な自由を得たい、という気持ちの流れが話になっていったようでした。本人にとっては音を介して、動きながら話しているうちにそのようになったのです。

セラピストの音があることによって、内在している感情の流れが促進的に表現されます。それは無自覚であったことが自覚的になる、という体験感を含み、ある動機も表現され、そこにセラピストが応じ、かかわっていくことで、人は自分を発展的に展開させていく過程が生まれます。それは自身を、再体験するとも言えます。

③　声から言語化への展開

人の内的経験の自然な流れには、音によって自らを活性化させるといった面と、同時に他の人との交流を深める、という両面があります。

小さな子が母親の膝の上に乗せられて、初めてピアノの鍵盤を手のひらで力いっぱい押す、すると音が出てよろこぶ、その様子が原初的な姿です。或いは、“あーあー”と声を出しながら母親を見上げる、母親は何か言葉を返す、そこでまた安心したように音を出し始める、というように連続が起こります。そこで幼児は、「情緒的な発展の契機」を保っているのです。

２歳児くらいになると、ひとりで椅子に座り音を出した後、隣に居る母親ではなく私のほうを見ます。私も音を出して応じます。すると、『おもしろいねー』と笑います。そのうち『もういっかい』と言いながら音を出しては、私の応じ返すリズムや音域の変化をおもしろがって笑ったり、弾き方やリズムを真似する、という交流感が生まれてくることがありました。この相互関係が「セラピィの母胎」です。

音は「原初的な体験」感とともに、関係性を伴っているのです。偶然の単発的な音が音楽になっていくように、単純な発声は他者との関係のなかで、意味を備えたことばとなっていくのです。人は、自身の動きや声の表現を通して、意欲が増していくとも言えます。情緒体験が流れていく、というのはそのような発展的な過程を伴うのです。

音とともにことばがあるというのは、人間にとって現実の受け容れが自然に起こることにつながり、具体的な応答表現への反応でもあります。そこに含まれる躍動感が、成長エネルギーとなるのです。

〔2〕私の音楽療法体験から

はじめに

一般的な生活音は、その人が感じようとすれば人の動きを伝えてきますが、関心が起こらなければ、心情には届きません。

セラピィは、ある空間を区切った場所で音を創ります。ですから入室した時から、関係の中での音ということになるのです。ここに日常的な音との違いがあります。それがどのように届いているのか、相互のやりとりの中で確かめていくことになります。

音を媒介として関係が生まれたとき、その音表現は療法となります。

以下、師岡カウンセリング研究所での実際のセラピィの実践事実を記述していきます。まず「療法」にあたるものをセラピィと表し、「関係を創造する」心理療法という意味で用います。療法時間は、セッションと称します。そのセッションの中で、応じる人をセラピスト、来所する人をクライエントと呼んでいます。

1　療法となるために

セラピィは、その場で起こる関係を重視しています。ですから、その場にいる人が関係感を明瞭に自覚することにつながる空間的、状況的構造が大切になります。

すなわち療法というのは、ある限られた空間にクライエントとセラピストが居て、音楽療法であれば必要な楽器類が構成された配置となっています。時間には制限があり、頻度等回数も決められていて、クライエントに必要なことが考えられた構造となっています。

ここを曖昧にすると、すべてが曖昧になりますので、セラピィをする場合には大切な約束事として、クライエント、セラピスト相互に了解され、受け容れられていることが大切です。

①　セラピィ室について

以下に、私たちが音楽療法を行っている、師岡カウンセリング研究所のセラピィ室について具体的に紹介します。

イ）室内

師岡カウンセリング研究所では、セラピィ場面の構成は下記のようになっています。

注　これはほぼ、どのクライエントに対しても共通しています。ただ細かい場面の構成については、クライエントやその時の状況によって、若干異なります。

音楽療法室は、広さ約40畳、壁はクリーム色で、天井高は一番高い所で3間（約4 m）の造りです。天窓が2つあり、自然の採光があります。その他窓4つ、入口は掃き出し窓の形状で4枚分、安全を考慮してガラスは使用せず、不透明仕様の割れない素材で作られています。

ロ）音楽療法室においてある楽器

主なものは、グランドピアノ、マリンバ、バスドラム、シンバル、ブーガラブー、スリットドラム等です。打楽器類はほぼ円形に並べてあり、グランドピアノとエレクトーンがその外側を囲むように配置してあります。

セラピストとクライエントは、〔図 4-2〕の位置に椅子が置いてあります。

図 4-1　師岡カウンセリング研究所の音楽療法室

場面設定の一例。正面入り口から室内中央を撮影。

図 4-2　室内図

〔図 4-2〕の中で、○は椅子の位置です。

Sv.＝スーパーバイザーである師岡先生。

Cl.＝クライエント。

私は、グランドピアノの椅子に腰かけています。

ハ）セッションの構成

セッションはクライエントによって、或いはその日の状態によって若干の幅が生じますが、基本的なスタイルは下記のようになります。

例）　成人の場合より

セッション時間	約 30〜40 分
形態	個人セッション
内容	即興演奏による交流、或いはセラピストの演奏を聴き、対談する

すべてセッションは、スーパーバイザー*師岡宏之氏同席のもと行われています。

＊　スーパーバイザーとは、セラピスト、研修者を含めて、その場に参加している全員に対して、セラピィを総括的にとらえ、展開を促す助言をし、時に自ら実践に参加し、クライエントに対しても責任を負う人です。

師岡先生は「私にとっては、全員がクライエントです」と言います。セラピストや研修者を含めて、一人ひとりの内的成長を含む場であるということ、人それぞれが自己成長の場として経験していくという観方を言っていると思います。

2　セラピストの心の姿勢

セラピィ場面では、セラピストがクライエントにかかわっていくことで、関係感の中で両者に心理的交流が起こります。セラピストが応じること、それにクライエントが応じ返すという交流が中核です。ですから、こういう時にはこうすればよい、という対処的な方法論はありません。

最も大切なことは、セラピストの心の姿勢です。具体的にセラピスト自身は何を重視しているか、ということです。クライエントの動きから、何を感じとりながらその場にいるのか、セラピストが何を重視するか、セラピィはセラピストの心の姿勢によってつくられ、両者関係が創造され、展開するのです。

3　セラピィでの交流感——相互交流——

セラピィでの交流とは、クライエントその人の心理的な特色を感じとるところから始まります。

セラピストが、気持ちが安定していて、しかも統一感があって、クライエントに対面していると、クライエントもだんだんと気持ちに『ゆとり』が出てきて、今の自分をその人なりの表現の仕方（言語表現を含めて）をします。

その時に私（セラピスト）は何を聴くのか、何を感じているのか、それをはっきり自覚して対面していることが大切だと思います。

また、その何を聴き、感じ、応ずるという私の内面の一連の活動によって、その人との関係の内容（心理的交流の質）に変化……深い交流か、浅い交流か、が生まれます。

何を聴くのか、に関しては、気持ちを感じるとも言われていますが、中心はクライエントの「自分は～だ」という表現に含まれる、経験の全体を明確に了解すること、及びその中核をセラピストの表現で、クライエントに伝えるということです。

それは以下のようなことになります。

クライエントによる言語表現の場合には、内容が明らかに含まれますが、即興音楽の場合には、音の強弱や、音の音階的なつながりが生む雰囲気とかに、いまのその人があらわれます。

その音のつながりの雰囲気に、セラピストも音で即興的に応じますが、どんな内容か、何が含まれているか等は、即興演奏の間にはそれほど明瞭に了解はできにくいものです。

ですからその意味あいというよりは、気持ちの在りよう、即ち強い弱い、ある種の葛藤感、意欲の強弱、自分の音の展望（音のもつ展開感）――クライエントが無自覚であっても――等を感じとることになります。

人は他者から影響を受けて、自分を感じとり応じます。したがって、どのような他者が傍らにいるかによって、その影響が変わります。

人は他者のもつ内的な流れというものに触れたとき、自分がはっきりしたり、流れ出すように感じます。安心を感じれば、許容的に、しかも前進的になります。

4　セッションを実施するにあたって

①　大切な約束ごと

人間関係下での影響、それがセラピィの中核であり、交流関係を大切にする、という配慮から、さまざまに留意されていることがあります。

クライエントその人の内面的な流れをつくるとは、寝て起きて、どのような時間帯に活動するか、という根本的な生活体験そのものへ及ぶものとなります。

つまり、時間的な枠（長さや頻度、また回数など）から日時を決めるのは、種々の都合で機械的に決めるものでなく、生活のペースをつくることにつながります。

社会生活で対人関係を築く基本を、セラピストとの間で実践していくことになります。

②　頻度や時間帯

セラピィを実施する頻度はクライエントの状態により、応じていくことが自然な流れであると思います。

例えば個人セッションの場合、隔週で月2回実践しています。幼児の場合は、成長が早いこともあり（音楽に対して関心が高かったり、保護者の希望等により）毎週になることもあります。

週の間隔は、クライエントが生活の営みを通して安定を持続し、自身の味わいを自覚できるような日数をとることになります。

③　セッション時間とその内容

セッション時間は、クライエントが自身を十分表現し、セラピストと交流感をもつことができる時間的な幅を、セラピストが設定することになります。基本的に個人セッションの場合、1回30分～40分が適切なようです。

師岡カウンセリング研究所では、セッションの形態はクライエントやその時の状態に応じて様々です。例えば、週ごとに音楽療法、対談、と交互に行う、或いは音楽療法終了後に別室で対談する、セッションのなかで対談の時間をとる等々です。

いずれにしても、クライエントの安定した生活リズムが重視されるところです。また、言語を介した交流が重視されています。

④　セッションの形態

セッションにおいて、そのクライエントの内的経験を十分感じとり、且つ心理的な交流をできるよう、クライエントはひとりの、個人セッションの形態が基本です。

私が研修をしている師岡カウンセリング研究所では、セラピストは複数人のこともあります。

時にクライエントが複数になることもありますが、それはセラピィ過程においてさまざまな影響性から、複数であることが望ましいと判断した場合に限ります。

このような判断は、セラピストのクライエントに対する感受力と場面をつくっていく構成力によるところが大きいと感じます。

師岡先生は「(セラピストとして) 個人ができればグループもできる。けれど個人セッションが基本」と言っています。それはクライエント個々の内的体験を、セラピストがその人それぞれの個有さとして、どれだけ明瞭に「感じ応ずる」ことができるかに負う、と私は理解しています。

5　セラピストの居方について

①　自分自身を紹介する

音楽療法の場面で、セラピストは心理的な交流感を目指して、自身を紹介することになるのが自然な流れだと思います。

例えば言葉にするなら、

“私は、今あなたが何を感じておられるのか、ということに関心があります。そして、今自分から変化したい、成長したい、と願っている、とも思いますので、そこにも着目して協力したい気持ちです”。

というような表現になるかと思います。

②　場の紹介

セラピィ室は、それぞれセラピストの考え方で物が配置されています。音楽療法であれば、楽器類が主なものとなるでしょう。

クライエントにとって楽器は、日常的に親しみのある物ではありません。新しいものに関心を強く示す人もいれば、躊躇する人もいます。

セラピィとは、お互いを紹介し合う場です。したがってクライエントの動きを待つばかりではなく、特に初回開始時にはクライエントがどのように動けばよいのかを、言語で、また視覚的につかみやすいよう身振りで示しながら、セラピストが自ら先に動くことも配慮のひとつです。

またクライエントの内面的な流れを停滞させないよう、クライエントの安定感を尊重することも必要です。

6　セラピィ室という場

①　室内の空気感

セラピィ室の配置とは、物を置く位置のみではありません。セラピストが室内のどの位置にいるかも、重要な要素となります。またクライエントが入室するまで、どのような居方で待っているか、その雰囲気も部屋の空気感をつくります。

師岡先生は

「クライエントが一歩部屋に入ったら、日常とは何か違う、と感じるくらいの空気感がなければ」

と言いました。この場合の非日常性とは、常識的な価値観や物の観方、考え方にとらわれないセラピストがそこに居るから、醸し出される雰囲気があるということです。

クライエントが入室するときには

「じいっと見ない。やわらかく、自然に」

と経験の浅いセラピストに、しばしば伝えています。

クライエントによっては、視線による影響があるので、位置を変えたり、距離間をとることも重要です。

②　安定感のあるかかわり

クライエントは音表現をする時、楽器に対する戸惑いや躊躇感、初対面の人に対する緊張感、とさまざま感じている中で、自身を表現することになるでしょう。そのような心の動きを感じて、セラピストも影響を受けます。

セッション開始時、特に初回から数回まで、セラピストにしてもクライエントにしても、緊張感が高いのが事実だと思います。しかしその緊張が、表現を妨げるようであっては、内的な体験感に至ることは難しくなります。セラピストの安定感のあるかかわりが、クライエントにとって実践を促進する影響力となります。特に導入時の体験は、音楽療法はこういうものである、という経験になります。新鮮であったり快ければ、余韻を自身の実感として持ち帰り、継続する気持ちにつながることでしょう。

セラピストがクライエントの表現から内面を感じとってかかわるところに、

セッション場面での活動が内的体験となるきっかけがあります。その時過剰な介入をせず、他者をコントロールしようとしないというセラピストの考え方を、態度で伝えることになります。一緒に演奏等を体験しながら、ことばかけも丁寧に、短い表現で、という配慮も大切だと思います。

例えば、緊張している全体像（具体的には、音を出せない等）に対して、即興音で応ずるということがあってもいいと思います。あるいは端的に、“強い緊張感のようですね、しばらく、落ち着くまで、間をとりましょうか”というような言語的表現でも援助になると思います。

あるいは、躊躇感の強いクライエントの場合には、『この楽器はこんな音がしますよ』と一緒に叩いてみたり、さらに『あなたこのまま叩いていてね』と言って、セラピストがセラピストの楽器で応ずる、というようにセッション場面を構成していくこともあります。

7　相互性のある交流感への展開

①　感じとり応じ返す

一般的に、自分を表現する、というと、自分の思いや考え方を他の人へ表明する、という語感で理解します。ですが自己主張とは異なり、自分を表現するという対応的表現は、難しいことでもあります。師岡先生は
「表現するとは、感じとり、応じ返すことである」
と言っています。

セラピィ場面では、ある特別な表現を強いることはありません。ですが、その人の内面性につながる表現を重視しています。つまり、どのような表現であってもよいのです。例えば、私はクライエントが合間で黙りながら言葉を継いでいくことも、なかなか最初の一音が出せないということも含めて、その場での動きを、その人の個有の表現として、そのまま受けとっています。それが、応じ返すという気持ちの流れを生み出す土台になっています。

またクライエントその人が、楽器の母胎と感じるときがあります。動けば足音がしますし、まばたきにしても、顔の赤みや笑みにしても、それを音化することが可能です。

クライエントその人は、そう自覚していないと思いますが、セラピストには

そのように感じられてくるのです（それを了解体験とも表現します）。まばたきに応じたり、足音に応じたり、笑みに応じたり、という音の変化は、決して易しくはありませんが、相互交流のきっかけになることは確かです。

② 心理的な相互交流へ

このような視点から、セラピィでは表現したり応じ返したりする相互のやりとりが、クライエントとセラピストの人間関係下で起こること、この循環が相互性のある交流感へと展開することを目指しています。

この事実を、相互交流という端的な表現、もしくは心理的な相互交流と表現しています。心理的という場合は、クライエントの独自な経験が、相当強く底流に流れていることを感じたときに「心理的」という表現を添えています。

例えば、クライエントの意欲が高く、この曲をやりたい、次はこれをやりたい、と希望がどんどん続く場合があります。やる気があるともとれますが、他からの影響を受けにくい人間関係の中で生きている、という姿も浮かびます。こだわりと呼ばれることが一般的ですが、大切なのは、そのこだわる気持ちが生み出す関係感を感じとるところにあります。

クライエントの希望する曲調が続いたら、今度はタイミングを選び、セラピストが自分の曲想を提案してみる、というのは、ひとつの循環となります。

自分の曲調を決めることのできない段階のクライエントに対して、セラピストがクライエントその人のいまの姿そのものを曲想として表現しながら、あるところでクライエントの希望を尋ねることも重要です。それはクライエントの「かたい」「ちぢこまり」をすくいます。

曲想に関しては、セラピストが今のクライエントの内面の状態に沿って、より情動を味わうことのできる曲想にすることで、関係の質は異なったものになります。クライエントの生活感を含む情動体験となるなら、関係はより深まっていきます。クライエントの表現と内面にだんだん一致感ができてきて、セラピストへの関心も深まり、セラピィの流れが生まれていくのです。

セッションのプログラムを事前に決めない、という考え方は、このようにその場での即応性を重視するところから生まれています。その中でクライエントとセラピストの関係の質が変化し、相互性を伴うことによって、広がりや深みのある表現が生み出され、関係感が深まり、音楽を介した療法となることが可能となります。

8　セラピィ場面で起こる個有な体験

セラピィによる人の内的な変化は、生活感が変わるところにあらわれます。成人であれ幼児であれ、同じ日課を過ごすなかで、感じ方が異なるという自覚が起こるようです。身近な人には、日常生活のなかでの動きの変化としてみえます。クライエントがセラピストと過ごす時間内で受ける影響は、セラピューティック（therapeutic）な関係が生み出す自分の再体験を通して、自らがそこでの気づきを実践していくという変化です。

①　安定化を促す

まず内面の安定化という影響が、生活面に表れます。幼児であれば、排泄や食べること、睡眠などに変化がみられます。

私の経験では、セッション中トイレに行きたがる幼児がいました。30分のうち数回行きました。この幼児の場合、セッションを数回経て母親と離れ、セラピストと一対一で過ごすことができるようになった段階でのことです。

二人で一緒にピアノを弾いていた時、その子が『トイレ』と走り出しましたが、セラピスト（この場合私）は座ったまま、つまり抱きとめたり、ドアの前に立ちふさがったりせずに『行かなくても大丈夫だと思うよ』と声をかけました。その時その子は、ふと立ち止まり、ほんの数秒沈黙し『うん』と答えました。そしてドアへ向かって行くのをやめて、セラピストのいるピアノの脇へ戻ってきました。ふたたび、セラピストとともに歌を歌い、そのセッション中はトイレへ行きませんでした。その後は途中退室もしなくなり、日常的な変化としては、安定感が増し、頻尿という過活動は消えました。

あるタイミングで、クライエントが日常的な、いわゆる問題の動きをしたくなるとき、それを感じとってセラピストが応じると、新しい流れになります。クライエントにとっては、自分は大丈夫と思えるようになるような、自身に対する肯定的な感情が継続することで、過緊張状態から脱出していけるようです。ここは、セラピストの対応反応が生み出すものです。

②　情動に応じる

音楽療法でともに演奏したり歌うことは、情動感に深く結びつきます。一般的には、みんなで歌うと楽しいとか、この歌を歌うとすっきりするとか、感覚的なことばで言い表されることが多いようですが、その表現には、個人としてより意味があるように感じます。

イ）個有な兆しを見出す

レクリエーション的な音楽活動や音楽会においては、聴衆が飽きないようにという配慮から、いろいろな曲を次々と演奏したり歌唱することが多いように思います。

他方セラピィでは、その一曲がクライエントの情動的体験につながります。ですから、同じ曲を何度か繰り返し歌い、味わうことになります。そのとき、クライエントの感情体験に応じて即応的にセラピストがことばで対応しますと、個有な音楽体験の時間になります。

即興演奏でも、セラピストがクライエントの内面的な情動感に着目し続けることで、個有な兆しを見出すことができ、より複雑な表現が生み出されます。

ロ）内面が明瞭になる援助

演奏（歌唱）後のことばでのやりとりは、クライエントの体験を内面的により明瞭になるように援助します。その際に、クライエントの言語化が不明瞭であっても、セラピストがその時のクライエントの実感を感じとっていれば、言語的交流もでき、また即興的な音楽交流もできます。両者にとって、通じ合ったという体験感の深まりが大切です。

具体的には、セラピストは安定感が最も大切です。ゆっくりと『どんな感じだったのかな』『うん、うん』と十分間をとり、クライエントが話しだしたらゆっくりと応じます。

『そうだったの』『〜のような感じがしたの』……そして、クライエントが内面的にだんだん展開が進んでも、『～のようだった』と「確かめ」ながら、クライエントの展開力を信頼する姿勢を貫きます。

ハ）聴くとは応ずる

ここはセラピストの聴く、応ずるという姿勢につながるところですが、クライエントを聴くという時一般的には、セラピストがクライエントの表現を反復することで援助的な関係になると述べていることが多いようです。師岡カウンセリング研究所の実践では、セラピストが「感じ応ずる、でひとつ」と言われ続けています。よって、聴くとは応ずることを含みます。「クライエントの情動そのものを、明瞭に言語化する」とも言われます。

9　セラピストの心の姿勢

セラピストの心の姿勢を説明することは、非常にむずかしいのですが、今の私が言語化できるのは以下の通りです。

⑴　クライエントの成長力への信頼
⑵　クライエントの感受性への援助
⑶　クライエントの展開力にそって、感じ、応ずるという、相互交流感の形成の重視

成長は他者が積み木を積むように、つけ加えることはできません。自身が感じ、気づき、実践していく過程そのものが、成長なのです。成長力とは、感じ気づき、実践する力です。

セラピストが信頼するとは、その力が「潜在」していることを信じるのです。

援助するとは、それを具現化することです。クライエントが今の経験を『～だと感じる』『～だと気づいた』『～しようと思う』となっていくとき、現実化します。こうした応じ方をくり返すことでクライエントはだんだんと、ばらばらだった経験が統合されてきて、「成長力」となり、変化するのです。

その過程は、「安定化－経験の豊かな広がり－実践」という、自己再体験の段階的な前進過程です。

10　セッションの展開とその過程

ここまで述べたような、人間関係を可能にするセラピストの心の姿勢、加えてその心の姿勢が生み出すかかわりによって、さまざまなセッション場面が実現します。クライエントとの関係において、セラピスト自身も成長します。

つまりクライエントの体験のみに着目するのでなく、セラピストである自身が味わうことで表現の意味が明瞭になる、それを具体化して言語化しクライエントに伝える、この対応反応力の変化が成長であり、セラピストの力です。

①　クライエントの音楽的表現から――人間に共通の体験感――

セラピィの場で感じるのは、音は人間の生活の営みから生まれているということです。もとをたどれば、農耕など産業に付随した行事――例えば、お祭りなどの儀式――や、人々の集い、そして個々人が受けた教育的と言える文化生活には音が潜在しています。

音の原初的な表現は、人間の生活感から生まれ、生きるという営みにおいて共通の感受性から育まれています。

《ケース１》　声をかけて応じ合う――つながりによろこびを感じる――

民謡が好きで、バスドラムを和太鼓風に叩いて表現するあるクライエントとの時間のことです。明確な言語表現はありませんが、身振りと簡単な発声等で、自分の意図を他者へ伝えることはできます。セラピストの演奏表現は、民謡をピアノで弾くという応じ方になりました。

クライエントは、「おおー」と片手を上に挙げるしぐさをして、セラピストに呼びかける合図をしていました。「せーの」と一緒に音を出したり、セラピストに楽器を渡し、盆踊り風の音頭の曲でセラピストの歌とともに歩く、という場面がありました。その際クライエントは、ベルや鈴、タンバリン等、振ると音の出るものを選び、音は神社やお寺での奉納の儀式のように聴こえました。クライエントの動きは、楽器を鳴らしながら他者と輪になって歩くというふうに発展しながら、人と人とのつながりを感じているようでした。

この一連の動きは、暮らしの心情が音楽とともに表現されたと言えます。農耕民族が神社に祀った神に豊作を願ったり、その実りを皆で喜び分かち合うともいえる協調性、その生活様式が音楽表現を伴った形で現われたようでした。

人と一緒に純粋に楽しさを感じられる時間がもてることに、感謝の気持ちが湧いてくるのを、セラピストである私自身の中に感じました。これはこのクライエント（の表現）がもたらしてくれた体験です。

セラピィが展開している時、こうしたいという意志は、音を介して通じ合うと言えます。音楽は人間の営みのひとつとして、自然界に対する願いや祈り、敬いに適する表現であることが、自然と納得することができました。同時にその場での音楽が、身体を通して無理なく入ってくる、という体感でした。

《ケース2》　音表現からダンスという身体表現への移行を通して

セッションを始めた頃は、入室し入口近くで立ち尽くしているような小学5年生の女子でした。クライエントは、喘息のような症状が出て、体調不良から不登校状態であるということでした。本人としては、学校に行きたい気持ちはあっても行けない身体状態になってしまった、というところかと思います（師岡先生は「病気じゃないからね、心配しなくていいよ」と声をかけていました）。

表情には少し陰りがあり、その立ち姿から伝わってくるのは、どうしたらいいのかわからないという戸惑いでした。声をかけられると、躊躇しつつもそちらへ歩いていくというふうでした。自ら動きが出るということはありませんが、参加する意思はあることが伝わってきました。

これらは「身体言語」として受けとることができます。ことばで症状を訴えるのではなく身体の硬さ――つまり過緊張によって身体痛があることに加え、さまざま過敏な反応で伝えてきているのです。

言語表現においては明確な返事はなく、何か質問されても黙ったままであったり『うーん……』と曖昧な返答になります。対人関係において緊張感が高いため、言葉による自己表現が極端に少ないようでした。日常生活においても会話が進まず、友人関係においてはなかなか楽しさを感じきれないことがうかがえます。

ですが音楽療法の回を重ねるごとに、即興演奏時に浮かんだ日常的な出来事——学校の友人関係で悲しい思いをした——を話したり、セラピストたちと一緒にクライエントが好きな歌——『やさしい風』(作詞：萩原あゆみ　作曲：グッチ裕三　編曲：渡辺敦) という合唱曲——を歌う、という交流体験も起こりました。

そして好きなアイドルグループの歌を歌った時、その振り付けで歌う、ということが起こりました。その後、セラピストたちも見様見真似でクライエントとともに踊りながら歌う、という場面へと展開しました。

クライエントは、直接対面して言語的なやりとりを交わすより、音を出す演奏や身体の表現を通したほうが、その時の自分——その場で起こした感情も含めて——をことばにして伝えやすいようでした。自発的な言語化に関しては、自分の好きなことに関する話題には積極的になり、自分なりに関心を話すようになっていきました。

このような過程で、対人関係におけるクライエントの内面の過剰な緊張感は、薄れていったと思われます。またセラピスト達と一緒に歌い踊ることを通して、交流感を体験していきました。声を出したりダンスをする時には、身体を硬くする緊張も消えて、内的情動と身体の動きに一致感が生まれました。そして症状として表われていた身体的な苦痛感は、徐々に減っていったようでした。

人間にとっての言語的表現とは、話すだけでなく、身体つきから伝わってくる「ことば」があるのです。師岡先生は「身体言語」と言いますが、しぐさや動きのテンポ感がその人の内的状態を表す表現となります。

身体は気持ちと一致している時、のびのびとした柔らかさが感じられます。音表現になめらかさが出て、クライエントが日常体験での実感を音に託して演奏できるような音楽を伴う時、生まれてきます。クライエントとセラピストがそのような人間関係になったとき、共有感が起こります。これはクライエントが日常生活では味わいにくい体験であり、クライエント自身が関係を新しく感じる手がかりを、セラピィで得ているとも考えられます。

相互の交流感は、クライエント自身の感情と身体表現の間において起こるとも言えますし、音楽を介してセラピストとの人間関係で起こる、とも言えます。関係感の相互性がある時は、自分の特性を個性として自ら認める、肯定的な感情も芽生えます。他者との関係下で安定的に居られる自分を発見し、この私でいいと実感し、セラピストとの対談の中で言語化して味わうように思います。（このクライエントの場合は、小学校6年生後半でフリースクールに通い始め、中学校を経て学力の高い高校へ進学し、吹奏楽部、ダンス部に所属したと事後報告がありました）。

《ケース3》 合奏するという体験に含まれる内的成長

ある女子（幼児期に、アスペルガー症候群と診断された）のクライエントの、小学3年生から4年生にかけての時期のことです。音楽演奏に関しては、幼児期から非常に積極的で、さまざまな楽器での演奏を次から次へと思いついては動き回り、その変わり方の速さにこちらが（気持ちも動きも）追いつきかねる、という状態になることがしばしばありました。

そのうちに、クライエントの希望する曲を一緒に演奏したあと、セラピストからも次これをやってみたいのだけれど、と希望を出すと『いいよ』と答えることが徐々に増えていきました。

その後、ピアノでクライエントが既成曲を弾いているときに、セラピストが伴奏で参加することを受け容れることが起こってきました。テンポ感に関して、クライエントは速く弾けることが上手と思っているのか、出来る限り速く弾こうとしますが、指がもつれて弾き通せません。そこで『一緒に弾いてみようね』と、セラピストが声をかけ、クライエントの演奏の流れに入ると、ある安定した音楽演奏の流れとなっていきました。

そのようにして、セラピストとの関係下での演奏体験を積み重ねるうちに、曲をいろいろな楽器で複数のセラピスト達と演奏する*という合奏形態となりました。

＊　師岡カウンセリング研究所のセッションでは、メインセラピストやコ・セラピストという区別はありません。クライエントが選んだ人がメインであって、ある場面で中心となります。この相互循環――クライエントが異なるセラピストとかかわっていくというひとつの循環――が、特定の人にこだわるのではなく、その場、その時の気分で代える

という単純な動きから、多様な人と交わるという効果につながったようです。

ある時クライエント自ら、セラピストの人数分の楽器を床に置き『これでやろう』と伝えてきました。ひとりで演奏しようとせず、他者の音を聴き合いながら演奏する、という相互交流的な音楽経験へと発展しました。

またあるセッションでは、ベルをひとり数個ずつ持ち『きらきら星』などひとつの旋律を共に演奏する、という場面もありました。他の人（この場合セラピスト）たちと協働で、メロディーをつなげていく楽しさとして体験したようでした。これも自分の思いつきから発展したがゆえの楽しさでもあり、「他者関係」の楽しみであり、だんだんとさまざまな他者関係を、経験的に受け容れていくようになりました。

時には『かえるの合唱』を、ピアノで主旋律、マリンバなど他の旋律楽器で輪唱風に演奏することもありました。その際に、『これ、間で鳴らして』と言いながら、鈴などの小さな楽器を置くこともありました。

そこから、それぞれの楽器担当を順に換えて交代しながら演奏する、など変化がついていきました。メイン楽器を弾く人が代わると曲想が変わることに気づき、『おもしろい』という表現が生まれました。人間関係は、「楽しさ」をもたらしてくれる、ということの「実感体験」です。

また既成曲でありながらその場での即興的な表現が加わり、クライエント自身もピアノで旋律を弾いた時に変奏になる、ということが起こりました。『ちょっと違ったけど、まぁいいか。これもいいね』と偶然弾いた音の連なりを、誤りとしなくなっていました。つまり正しい音楽演奏をしようとするこだわりが弱まり、その時々の気持ちの流れで生じる表現をそのまま認める、というやわらかい気持ちが芽生えてきました。自分の好みへのこだわりが生む、固執性の解消へと進んだことは、私にとって期待していなかった成長でした。

すなわちセラピィとは、事前に予想しえないものであり、セラピストの思いをはるかに超えた、ある事実が生まれるのです。綿密な計画の重要性よりは、無意図性が生み出す交流の事実にこそ、セラピィの核心があると思いました。

自分がやりたい演奏だけをしたいように続けたいという、あるところでの「かたい思い込み」からの脱却と、人と一緒に音を出しながら、思いがけないものが作りあげられていくことに楽しさを感じる、という転換の過程が出現するのも、セラピィの楽しさであり、感動的な体験でもあります。

音楽療法の先覚者（私たちの恩師でもある）山松質文先生は、『セラピィは感動の体験である』とさまざまな場面で述べていましたが、納得している昨今です。

合奏体験では、表現の自由さと独自的な居方を保ちつつも、音楽をつくるその一員であることに、クライエントはよろこびを感じているようでした。終了時には『あー、たのしかった！』と言って、スキップしながら退室するという具合です。

音楽療法は、こうした「喜びを伴いながら、相互関係を体験できるセラピィ」です。

楽器を割り当てられるのではなく、自らの発想に基づいて自然と生まれた合奏——他者と音をあわせて演奏する——という音楽演奏は、関係の相互感を非常に映し出します。音のハーモニーが心地よく響くとき、音楽的な調和感のみではなく、演奏しているクライエント、セラピスト達の内的な躍動感が合致していく流れや、お互いに聴き合うという心のつながりによって相互交流感が生まれ、このような体験が基盤となって、クライエントが他者と言語的にもコミュニケーション（やりとり）しながらかかわっていくという、より深い交流感を体験したケースでした。

（このクライエントは、小学校の集団生活での友人関係において、孤立状態はほぼ解消しました。学校外の活動としては合唱団に所属し、コンクールに出るための練習などにも積極的に参加しているとのことでした）。

《ケース4》　演奏や歌唱時に抑揚感を味わう

ある男子（軽度発達障害と診断された）の、青年期への成長過程での表現変化について紹介します。

音楽療法の開始時には、非常に速い速度での演奏を好み、連続打や大きな音での打楽器演奏となることが多々ありました。またシンバルなど、刺激的な音色の楽器を思い切り鳴らすこと、ティンバレスなど残響の多い音色の楽器を演奏したがる等々、自分の好みにこだわるような時期もありました。また、うろうろと室内を歩き回るという過動性もあり、セラピィでは、クライエントが内面的に安定することを重視しました。

具体的には、演奏に没入してセラピストの音をあまり聴き取っていないと感じられる時には、演奏を途中でやめて「ゆっくり」と声をかけたり、クライエントの速い打点のテンポでセラピストは演奏せずに、持続音（ピアノならひとつの和音を長く伸ばす等）で応じたり、旋律を演奏する時はクライエントより遅いテンポで演奏する、などです。一見演奏が合っていないようにみえ（聴こえ）ますが、「心のテンポ（速度）感」という視点でみると、徐々に一致してくるという流れが生まれます。これが、クライエントにとって日常とは違う交流体験となります。

障害を負うことによって生じるひとつの特色は「人間関係の希薄さ」、即ち他者からの影響を受けにくいということです。したがって、対人関係ではなかなか「かかわり合い」となりにくい状態にあります。内面の自覚化も起こりにくく、よって固定的な内的状態を繰り返し体験していることになります。

音楽療法は、音を出し合うこと（心理臨床的な即興演奏をするという意）によって、セラピストという人の存在を伝え、クライエントがその他者に気づき、他者のことば――音でも言語でも――を聴き応じる人間関係が基底にあります。

このクライエントの場合は、中学生から高校生になるにつれて、楽器演奏をしながら好きなアイドルグループの歌（EXILE、嵐、SMAP、レミオロメン等）を歌うようになりました。何を歌うと言うことなしに、その時その場で浮かんでくるものを歌うので、それは何の曲ですか、とセラピストが質問することもしばしばありました。そのようにして、クライエントの好みの歌の傾向がわかってきました。

時にはスリットドラムやボンゴなどの楽器を鳴らしながら、ステップを踏むように動きながら歌ったり、即興的に声を出したりしました。ある時はセラピストたちが、クライエントのそのような身体表現を生かそうと、ラテン系の曲調をCDによる録音音楽と生楽器で一緒に演奏したり、一緒にステップを踏んで踊ったり、少し手をつないだり離れたり、というフォークダンスのような振りをつけて、前後に移動するステップをともに体験したりしました。クライエントは始めは照れがありながらも、手を差し出すと手を乗せ、セラピストと同じような動きをしようと真似る場面も出てきました。

音楽による身体表現と、セラピストとの交流という点について述べてみたいと思います。

クライエントにとって身体表現は、情動の深まり或いは発散の活動とも言えます。音楽が深く強い情動感をもたらした場面で「飛ぶ」もしくは「舞う」というような身体表現が表れますが、踊るという身体表現は即時的な身体表現で、同時にセラピストも参加でき、一体的な交流感を体験することができます。こうした活動を通して、安定感、満足感を得て、だんだんと瞬時のエネルギーの発散だけではない創造的な表現へと発展していきます。

この場面での音楽は、CD* のような録音音楽とセラピストの即興演奏とがありますが、セラピストがひとりの場合は、身体的交流をするコ・セラピストが必要となります。

＊　CD音源による音楽をつかう場合について

セラピストの構成力によるところが大きいと言えます。CDは演奏のテンポ感や曲調が、あるところで一定ですので、身体の動きも一定化します。動きに統一性が生じるともとれますが、クライエントの多様な身体表現を生かし、心理的な安定を得るには限界があります。この場面の導入はCD音楽でしたが、徐々にセラピストの即興演奏での身体表現へと移っていきました。

クライエントの身体表現は、音源が切り替わるときは一旦止まりましたが、セラピストの即興音楽になると動きは活発になり、曲調に自ら動きを合わせようとする変化が起こりました。クライエントにとっては、CD音源に合わせて身体を動かすという楽しさから、その場の関係下で自分を表現するというように、身体表現する動機が変わったと言えます。

　このようにして、身体的な動きで十分表現したあとで、歌唱の選曲が変わっていきました。この変化を生み出しているのは、相互関係の交流感です。

　具体的には、リズム中心の激しさがある曲調（アイドルグループの歌う曲等）から、

『旅立ちの日に』（作詞：小島登　作曲：坂本浩美）

『いつも何度でも』（作詞：覚和歌子　作曲：木村弓）

『翼をください』（作詞：山上路夫　作曲：村井邦彦）

など、情緒的な曲想が選曲に含まれるようになりました。

『千の風になって』（作詞：不詳　作曲：新井満）

を、朗々とした声音で、手を前方に伸ばすような身振りをつけて歌う時もありました。

『Believe』（作詞・作曲：杉本竜一）

など、その後は歌詞にメッセージ性が含まれる曲を歌うようになり、発語にだんだん明瞭さを伴うようになりました。

　セラピストから

『巣立ちのうた』（作詞：村野四郎　作曲：岩河三郎）

『マイバラード』（作詞・作曲：松井孝夫）

『歌よ　ありがとう』（作詞：花岡恵　作曲：橋本祥路）

等を歌ってみようと誘ったところ、知らない歌であっても、ピアノ伴奏とセラピストの歌声に合わせて、歌詞を見ながら徐々に声を出して歌うようになっていきました。このとき身体の動きは静止しており、内的にも、落ち着きが増していると認められます。

　クライエントは高等部を卒業してからは、作業所で働くようになりました。環境が変わり、その影響下で嚥下拒否や不眠、母親の話で『家に帰ってくると、ひとりごとのようにずっとぶつぶつと何か言い続けている状態』などが起こりました。そのような時期を経る中で和太鼓（小さめの締太鼓）で時にはシンバルを交えながら

『矢切の渡し』（作詞：石本美由起　作曲：船村徹）

『さざんかの宿』（作詞：吉岡治　作曲：市川昭介）

などを共に演奏しました。クライエントは音量の加減をつけて抑えており、セラピストの音を聴きながら演奏していることが感じとれました。

『坊がつる讃歌』（作詞：神尾明正・松本征夫　作曲：竹山仙史）

を一緒に歌ったときには、演歌調に歌い上げるような表現をしました。歌っているうちに、旋律の抑揚感に乗じて気持ちが入るようでした。

以前は歌い出すのが先で、曲名は尋ねられたら答えるといったふうでしたが、徐々に歌いたい曲名をことばで伝えてくるようになり

『さくら』（作詞・作曲：森山直太朗）

『ひまわりの約束』（作詞・作曲：秦基博）

など、旋律的な流れのあるものを選ぶようになりました。

特に堀内孝雄が作る曲の旋律は、何か響く抑揚感があるようでした。いろいろ歌った中で

『竹とんぼ』（作詞：荒木とよひさ　作曲：堀内孝雄）

は初めて歌ったあと感想を述べました。

１回通し、１番をもう一度歌った時に「少し背中が淋しいだけさ」のところは情感を込めて歌い方が変わりました。終えてどこがいいか尋ねると、『どこがいいかと言うと……』と黙ってしまいました。いいと思えるところはあったけれど、あとからだとどこかわからなくなってしまった、という感じが伝わってくるので、ここですか、とピアノでその部分の旋律を弾くとすぐに歌い出しました。『背中がさびしいかんじ』と言いました。『〇〇くんもそういう感じするときありますか』と尋ねると、『そういう感じ、あります』と答えました。このように、落ち着きとともに自らの味わいに関して、言語表現が出るようになりました。

また、入室するとすぐにセラピストのところへ来て、『歌は……ありますか』と言うことが、起こるようになりました。

『河』（作詞：たきのえいじ　作曲：堀内孝雄）を歌ったときは、『こういうのも好き』ということばがありました。新しい歌でも自分の好みであると感じたと同時に、情感の味わいが新鮮であったようです。感じているけれどことばにならら

ない何かを、歌ははっきりと伝えてきてくれる、という体験をしているように想像します。

自身ではできにくい情動感を明瞭に体験できるのも、音楽療法の作用の大きな特色です。

『北帰行』（作詞・作曲　宇田博）をセラピストからの誘いで歌っていた時でした。２回目に歌い通していた時、２番になるとまったく歌わなくなりました。クライエントは『ここはいいの』と言いました。そこで、『ここはちょっと聴いていたいの？』と尋ねると、『聴いてました』と答えました。そのあと『３番お願いします』と言い、ピアノの伴奏に合わせてふたたび声を出し、３番を歌い始めました。歌い終えた時、師岡先生が『ここいい歌詞だね。３番だけが好きなの』と尋ねると、うなずきました。会話によって、２番は歌いたくなかった、ということがわかり、歌詞の意味をクライエントなりに感じとっていることが明確になりました。

クライエントの体験感は、師岡先生のことばでは

１番は「孤独感への共感反応」

２番は「消える、さすらう、我を去りぬ等々、努力が報われない、喪失感の寂しさに反応」

３番は「いまの自分自身の生活感情として受け容れられる、不確かな希望感」

となります。クライエントはセラピストと共に歌い、味わったということです。

クライエントは直接自分の言葉で、これがどう、ということは伝えられないのですが、歌詞の雰囲気は感じとっているようです。つまり、歌の旋律に込められた作曲家の感情の味わい、すなわち情感が音の抑揚感を伴って響くことで、ことば（歌詞）の意味が自分の体験を通して自覚的にわかる、ということが起こっているようでした。

特に３番になったら歌い始めたところから、クライエントに一致する思いがあると感じとることができます。セラピストにとっても、クライエントが歌詞

を選択して歌う、ということを通して、今の気持ちに即応していることが了解されます。それが何に一致しているのか、そこを明瞭に感じとり、その場で生かすことができるかどうかは、セラピストそれぞれにゆだねられています。

このクライエントが内的成長として辿った道筋は、好きや嫌いから味わいへ、そして自身の感情にもっとも沿うものへ、という流れでした。人の内的な感じ方はことばの味わいによってつくられていきますが、そのことばを自分の表現としてもつことが難しいクライエントにとっては、音楽的な抑揚感を味わう、即ち旋律を歌うことによって、ことばの意味に気づくことができます。そして自らに響くというのは、そのことばが意味する体験感を、自分の実感として「再体験する」ことになります。それをより明瞭にしているのは、演奏や歌唱を通したその場での会話です。クライエントの負担感が増さないよう、セラピストは簡潔に短く、自身の印象を伝えることで、クライエントも新しい体験として味わうようです。

特に歌は抑揚感を伴って、明瞭に自分の経験と一致し、うれしい、つらい、悲しい、明るい等々、自分の今の感情として味わい、充実感を得て内面を豊かにしていくようです。

11　セラピストの働き

「関係をつくっていく」ためには、セラピストの影響がクライエントに伝わっていくことが大切です。セラピストは、クライエントから影響を受ける人でありつつ、クライエントへ影響を伝える人でもあるのです。ですから、その時々のセラピストの内的な状態に沿って、さまざまなものをクライエントに伝えることになります。それを私たちは、相互交流とか相互作用ということばで表現しています。

このような観点から、クライエントへのかかわりや何を伝えるか等、私が学んだことを以下に述べていきます。スーパーバイザーとして同席している師岡先生のことばが手がかりとなり、かかわりが明瞭になった場面でもあります。

①　かかわることに積極的に

前出の《ケース３》（幼児期にアスペルガー症候群と診断された）においては、クライエントが黙って動いていくときに「声をかけて」「（どうしたいのか、クライエントに）ききなさい」と言われました。例えば楽器を移動させている時クライエントの意図を察することをせずに、何をしたいの？　どこに置きたいと思っているの？　と質問をしながらかかわりました。そうするとクライエントの意図がわかり、こちらも納得して動くことができました。クライエントも『次はこれをこうして……』と、動きとことばが徐々に連動して出てくるようになりました。

クライエントが表現している――例えば音を出している、新体操のリボンの競技のように音楽に合わせて踊っている――時には、「一緒にやりなさい」と言われました。見ているのではなく、クライエントの表現にセラピストが自ら動き参加するのです。そうすると両者の動きが交わり、踊りではクライエントも２人でできる動き方を伝えてくるようになりました。

特に、このクライエントの場合は、「クライエントが楽しくなければ、治療的な作用力は弱い」と言われました。セラピストの意図や思惑にクライエントを沿わせようとするのではなく、セラピストがクライエントの表現の中に入って、しかも自身が楽しいという気持ちでかかわることができるのが大切であると学びました。

動きが飛躍的（唐突）であると感じる表現であっても、それはこちらの観方であって、クライエントとしては今の自分を表現しているのです。クライエントがやりたいことをできるように協力しよう、と自らが動くたび、良いか悪いかではなく、影響力が強いか弱いかで観る姿勢が大事であり、セラピストを志そうとセラピィ場面で実践する前に、書物等で得た知識やセラピィに対する固定観念がぼろぼろとはがれ落ちて、身軽になっていくような感じを味わいました。そしてクライエントの動きに対して、今はこれをやりたいのだろう、という気持ちで一緒にやっているうちに、こうしたかったんだ、というのがみえてくる、というように、体験感になりました。

ここは、直接かかわってみなければわからない、というように体験から学びました。セラピストらしく、という衣はないのです。クライエントの思いつき自体が、クライエントの自己成長の端緒と観えてくるのです。ですからセラピストは、クライエントの身体表現に積極的に参加することが大切なのです。

②　評価診断的な観方を離れる

時にはセラピストから誘いかけても、クライエントが応じてこなかったり、演奏が持続しないこともありました。そういう時は、「また次のチャンスをみつけよう、という気持ちで居ればいい」と言われました。そこがセラピストにとって、こうしたほうがいいのか、ああしたほうがいいのか、という迷い（自己裁量しようとすること）を棄てて、クライエントと純粋な気持ちで、且つクライエントの今の行動の動機を認め、肯定感をもってかかわる、という姿勢につながるのです。

クライエントが、一見あれもこれもと散漫な関心を示して動きまわる時、そのひとつひとつに応えようとして、セラピストである私自身も動き方が過剰になっていました。

師岡先生からは「寄り添ってくるから*」と言われましたので、ことばで応じながら離れた場所で動かないでいると、クライエントが近寄ってきて言語的なやりとりになったり、ピアノを一緒に弾くということが起こりました。

＊　クライエントが寄り添うというのは、セラピストがそこに居て、援助してくれる人と認めて、寄ってくるという意味です。ですから、評価的な関心をもたないでそこに居る、という姿勢が大切であると感じました。

ある場面では、クライエントが次々と思いつきを試そうとしますが、過動になると感じ、こうしませんか、とこちらの意図を伝えると、「セラピスト側の思惑にクライエントをはめようとしない」と言われました。そのような思いつきがどんどん出てくることが、このクライエントにとって場面に対して関心をもち、弱い関心（即ち好奇心）を味わっている、ということであったのです。そのクライエントの動きの流れを主軸にして、かかわるという交流をつくっていくことが大切なのです。集中に関して言えば、一般的に言われているひとつのことに集中する状態と、クライエントが自身の内的な流れに沿う集中は、動き方が異なるのです。

クライエントの動きを基盤として、セラピストがかかわり合いを可能にしていくことが、クライエントにとって自分らしい動きの中で他者とかかわる体験となり、日常生活においても人間関係を自ら拡げていくことになるのです。

このように、セラピスト自身の良い悪いで判断する態度が出たとき、これまでの常識的社会生活から培ってきた評価診断的なものの観方、感じ方が明確になります。そこはクライエントとのかかわりで壊されていく（この自分では交流できないと思い知る）とも言えますし、純粋に気持ちを向けてかかわり合っていくことで、このかたい常識的な枠が、だんだんと壊れるセラピストとしての成長体験でもあります。

③　クライエントの内的体験の変化に即して
――「関係のバランスをつくる」――

前出の《ケース４》（軽度発達障害）では、音表現の際の身体的な動きを、日常的な感情の発散とみるのではなく、クライエント自身を発揮する身体表現ととらえたことから、ダンスへと発展していきました。

師岡先生によると、「多くのセラピストの観方は、バスドラムを（例えば強く）叩いたりすると、そこに日常のストレスの発散であると意味付けたり、ある楽器を乱暴に叩くと、抑圧の発散行動とみる。しかしそのような安易な一般化した観方に立たずに、身体表現という大きな視点でとらえることが、本当のセラピストだよ」と言われました。

身体をめいっぱい使ったあとには、クライエントから『疲れた……』と自然な言語表現があり、楽器演奏への移行も無理がなく自然でした。身体表現を十分したことで、あるバランスが生まれた、ととらえられる変化が生じたと言えます。

大切なのは、クライエントの感情表現（身体表現を含む）を、セラピストが考える良い安定状態という体験の幅に、入れようとしないことです。交流関係のもとで自身を十分に表現したあとには、人は自ら安定し自己促進化するのです。

そのとき音楽は、その働きの内面化を促進しているのです。

クライエントの感情体験が変化していくとき、セラピストの即興音楽の表現も変わっていきます。

師岡先生は、「低音をなるべく使って」としばしば言います。このときの演奏は、既成の楽曲の演奏とは異なる演奏音域となります（セラピストは鍵盤楽器であれば低音域で、中音域～高音域は少なくする等）。つまりクライエントが出す音に、セラピストはあるバランス感を添えることになるのです。即ち、クライエントとの「関係のバランスをつくる」ことになります。

例えばクライエントは打楽器でリズム奏をしていても、セラピストは「リズムではなく、旋律を弾く」と言われました。その時の内的な感情体験の変化に即して演奏する、ということなのです。クライエントの表面的な音表現に合わせているだけでは、感情体験は深まりません。よってクライエントの体験感は停滞します。ですがセラピストが、今クライエントが表現しているものと質的に類似した、より内面的な味わいを旋律に含むことによって、クライエント自身がその感情体験を自覚しながら進む、という成長感を伴う音楽となります。この流動性が、大切なのです。

《ケース4》のクライエントは、音による内面的な交流を通して身体的な動きは沈静化し、落ち着いた様子になりました。その時クライエントは、セラピストの誘いに応じてバスドラムを演奏しました。音量を加減し、間がある連打となり、ゆったりとした呼吸になるにつれて、深まりを感じるやりとりが生まれました。

即興音楽の交流は、「相互関係感の進展的深まり」をもたらします。

④　今の自分を自覚的に体験する

《ケース4》のその後の過程では、環境の変化からくる症状（嚥下拒否、朝起きてぼおっと座っていることが多い等の意欲の低下）を脱し、安定感が増したであろう時期になっても、セッション中に「のびのびさが出てこない」（師岡先生談）のです。特に、今まで自然に起こっていた身体表現が出てこず、下を向いて腰をかがめ、背が丸い恰好で演奏することがしばしばありました。そのような「無気力の停滞感が出た時、そこからどう変化していくか。促進的進展過程をつくることができるのか」が重要であると言われました。

そして「セラピストは声を出すという身体表現で、いろいろ（クライエントの内面の）活性化を目指して対応していくことも大事」と言われました。

このような時、セラピスト自身がそれまでの音楽教育の中で身に着けた、自らの音楽観を脱していくことが大切になります。このクライエントと体験したことをもとに、次に具体例を挙げます。

・歌唱する歌は、年代やジャンルにとらわれない。
　「いい曲を選びなさい」（師岡先生談）クライエントのそのときの心情に、ぴったりくるものを選曲することが大切。
　流行歌で歌いたい曲は、「クライエントが自ら選ぶ。セラピストがクライエントの好みに合わせる、ということに過剰に配慮しなくてよい」
・曲の組み合わせは、同ジャンルで統一しなくてもよい。
　クライエントの体験感に沿うことを重視する。
　それがクライエントにとっては、新しい味わいを生むことにつながる。
・曲の途中であっても、演奏を一旦終わりにする。或いは曲調をがらっと変える。
　一般的な歌謡曲などの楽曲は、ひとつの感情体験を主にしているので、クライエントの感情体験の変化に伴って、幾つか組み合わせる必要が出てくる。一曲を最後まで演奏せず、異なる曲へと変化させるのは、即興的な演奏表現にもなる。
　あくまでもクライエントの内的状態に応じて生まれることである。

このようなセラピストの演奏表現というかかわりを通して、クライエントは人間関係のバランスを体験することになります。セラピストにとっては、音楽や演奏に対する自身の考え方を自覚し、習慣化されたとらわれから抜け出ていく過程を含んでいます。

セラピィという場での音楽体験は、クライエントのみが内的感情を体験しているのではありません。セラピスト自身も、その場で自分の内面に起こる感情を自覚的に体験し、交流感が深まっていくのです。このプロセスをよりはっきりさせるためには、スーパーバイザーの視線があって可能になります。

師岡先生がセッション中に伝えて下さっていることは、クライエントそれぞれに沿った重要なポイントでした。より広くとれば、セラピストのかかわりにおいて共通するひとつの主眼――今のクライエントと交流する――に通ずる、普遍的なことであると気づきました。

12　セラピィ場面の音表現によって生まれるもの

①　展開力が再体験過程を生み出す

さまざまなクライエントの方々との多様な交流場面、一方で交流に至りきらなかった体験を通して学んだことから、セッションでの音や音楽、歌によって伝わるものが明確になりました。それは通常の音楽を聴いたり、楽器を演奏するときの体験感とは異なり、人との心理的交流を経て自分を感じとるという体験感が土台にあります。これはクライエント、セラピスト双方に起こり得ることであり、応じ合うという相互的な関係感から生まれるものです。その時セッションの内容を決めるのはセラピストではなく、クライエントの展開力となります。

これらがクライエントの「再体験過程」を生み出します。セラピストのかかわりを得て協働関係即ち相互交流が成立して、発展的な展開過程となるのです。ここで、交流というクライエントとセラピストとの相互関係について、私たちはクライエントが体験することを重視しつつ、さらにクライエント、セラピストの両者が、その表現の味わいを通して心理的な一致感が生ずることを、セラピィの中核とみています。

②　セラピィでの相互作用

特に過剰な動きをするクライエントの場合、動きを身体表現ととらえると、クライエント自身が自分を発揮する表現にもなり得ます。またセラピストがクライエントの動きを、その人に内在する精神活動として応じていく積極性をもつことで、クライエントが他の人と関係をつくる中核的体験を、今その場、つまりセラピィの場でしていることになります。それがコミュニケーションと呼ばれている「相互作用」です。

相互に応じ合うというのは、心理的に自由になって、その人（クライエントもセラピストも）の自然な対応反応をすることから生まれるかかわり合いです。ここに私たちの実践する、音楽療法の中核があります。

③　音楽療法における音楽的作用力

セラピストが、このような対応姿勢を基盤に音楽活動をした時、音楽は人と人との交流感をいっぱいに含む作用力となります。その音楽的作用力とは、次のようになります。

・関係感のバランスがある音楽演奏は、美しさの味わいが異なる。和声感を整えるのではなく、クライエントとの関係において（安定的であったり、沈静的であったり、伸び伸びと活発であったり、というふうに）曲調の味わいが音色とともに深まり、ある調和感を伴った美しさが生まれる。
・それは、相応じ合う影響力となる。クライエント、セラピスト双方の共感性をいっぱいに含んでいる。

音楽療法において、音楽はその人の内面の表現となり、演奏はクライエントとセラピストが協働でつくりあげていくものとなります。その即興的な演奏音楽は、クライエント、セラピストの関係を構築します。さらに、内面の経験の特色を伝え合います。そして、より建設的な方向へと展開していく相互作用があります。

これらの経験を通して心身ともに、より自分らしい自分への変化を生み出します。そこで個別な体験感をもたらすと同時に、個有な感じ方も深まるのです。

13　音楽が療法となるために

セラピストの演奏する音楽がセラピィとなることについて、師岡先生が言ったことを以下に紹介します。

〜・〜・〜・〜・〜・〜・〜・〜・〜・〜・〜・〜・〜・〜・〜・〜・〜

まず、音楽の即興演奏による相互交流感に着目する。

第一は、類似的同調性を保ちながらの即興的対応。

第二は、テンポをクライエントに同調させて、やや展開的なメロディーで応じる。

第三は、音程差を生かして、テンポ感に沿う。同時に声を出して歌う。

第四は、強化力を高める。即ち、クライエントの中心感情に向ける。
クライエントの演奏は、時として協調的、時として反対方向へ。時として自分の演奏をやめて、セラピストの演奏を聴く。その時は、セラピストが言語的表現を交えながら、あるところで演奏を終え、言語的会話を重視する。

第五は、クライエントが個有な楽器にこだわる場合がある。その楽器がもつ音色にこだわるようだが、この時は相互の独自性が大事である。

二つ目は、人間の成長過程に対する、洞察的体験である。

第一に、人は、評価、診断、差別化の視線を浴び続けている。したがって、人の内面は傷つき、いたみ、拒否、攻撃的等々の感情経験をしている。

第二に、セラピィの場面では、クライエントの拒否、攻撃、拒絶が常に表現されると心得る。同時に、この心の姿勢に対応できるやわらかさ、共感性、即応的な柔らかな対応ができる（評価、否定的感情を含まない気持ちで）。

第三に、人は無自覚に、常に新しい展開の契機を得ようとしている。セラピィの場では、その動機が出せるような場面構成をする。１つは、協調的転換。２つは、対峙的転換（セラピィにはこの場面が必ずある）。例えば、クライエントが他者に対し『これが嫌だ、あれが嫌だ、みんな意地悪で』と言ったとき、協調的にのみ応じるのではなく、『それは自分の中にもあるよね』と、さりげなく、さらっと応ずる、というような。

三つ目は、時系列的に、プロセスを再体験してみる。そして、クライエントのありたい自分を傾聴する。

〜・〜・〜・〜・〜・〜・〜・〜・〜・〜・〜・〜・〜・〜・〜・〜・〜・〜・〜

要約すると、セラピィ場面で音楽を演奏するとは、他者を十分に深く、そして広く感じとる自分になること、それは自身の内的な気づきだけではなく、実践の事実に対してとらえ方が変わる体験、即ちセラピィ場面の関係感における「了解体験の深化である」と言えます。

Ⅱ　臨床音楽
——音楽療法という場での音楽——

小山美保・師岡宏之

はじめに——なぜ音楽療法なのか——

クライエントとの心理的な交流を関係の基盤とするセラピィは、心理療法と呼ばれます。療法とは、遊戯療法、運動療法、箱庭療法等、何を媒介に関係をつくっていくかによって、名称が異なります。いずれも生活環境で馴染みのある遊具や道具、模型等を用いて、クライエントが自分を表現するための手段として、遊戯や身体的な動き、創作的な造形をセラピストと体験していくことで、自他に対する肯定感が生まれ、同時に意欲の増大が認められます。

他方音楽療法では楽器を使いますが、多くのクライエントにとっては馴染みが薄く、ここに他の療法と異なる性質があります。したがって非日常的な場になり、人生のさまざまな局面、時として困難な状況に対する自身の対応がそのまま出やすくなり、セラピストと音で応じ合うところでは、直接的な対面関係となります。他の療法にはない音楽療法の特色として最大のものは、深い情動体験にあります。

1　感情経験の重視

音楽療法下での音楽は、臨床的な音楽になります。臨床的なという意味は、クライエント、セラピストが音楽表現を介して、心理的に交流する相互交流関係が生まれるということです。クライエントは、この交流関係下で、自身を再体験するのです。この関係下で、音楽は人の内面的な深部にはたらき、自覚的な気づきを生み出し、そればかりでなく感情面の拒否感や攻撃感を沈静化するのです。

さらにこの感情表現としての音楽を介して、クライエント、セラピスト相互の関係感が展開します。セラピストにとっては、自身の気持ち、或いは動機等を含む音楽の創造という経験であり、クライエントにとっては、セラピストと相互関係をつくる手がかりとしての音楽表現ということになります。このことから私たちは、臨床音楽と名付けています。

臨床音楽の他の一面の特色は、セラピスト、クライエントの関係感の深まりを生むということです。この関係の深まりは、時間の流れから初期・中期・発展期と呼んでもいいと思います。初期とは1～5回、中期とは5～10回、発展期とはそれ以降の回数で分けることができます。

初期は、相互が手探りで自分の今の気持ちに一致するものを模索する段階です。中期は、関係感が両者に自覚され、その深まりを感じ合いながら自分自身を再体験するところに特色があります。発展期は、自己再体験によって問題性が明瞭になり、解決する場面です。大きな充実感や納得を得て新しい自分を感じとったり、障害をもつ人にとっては安定した適応が進む段階です。

2　関係感が経験される

音楽療法場面での音の表現を文章化するのは、難しさが伴います。音は即時的な表現であり、その場のものであり、消え去っていくものだからです。ですがそれ故に、音表現の促進的な流れが自身でも気づかない感情に、内的体験に、展開をもたらします。或いは、情感を伴って沈静的に深まる、ということが起こります。そこを自覚的に体験する過程は、セラピストとの話し合いをすることで生まれ、体験感として深まります。

ですから、音楽療法でそのような音化した内面の流れがあるところで、クライエント、セラピスト両者が、『何か、とけ合ってくる』という感じ方をしたりすることもあり、それは感覚と言ってもいいし、身体的な影響として受けとられるときもあります。

例えば『合わせようとしなくても、セラピストの先生たちと演奏が合ってきた』とか、『肩の力が抜けて、身体が軽くなった』ということを、クライエントたちから聞きます。このような時、関係感が一体感として相互に経験されます。

ところが、セラピストの側に意図がありすぎると、クライエントは窮屈さを感じて、背を向けた態度をとりたくなるようです。かかわるというところで、セラピストはクライエントが表現しやすい自由感を大切にすることが肝要かと思います。

3　相互に交流する

私たちはセラピィの場で、即興的な音表現を媒介として、クライエントと相互に交流することに主眼を置いています。

人間関係とは応じ合いであり、心理的な交流感です。その場の自分を表現する、相手の表現を受けて返していく、その繰り返しが関係であり、その時相手の音や雰囲気から漂うものをどのように感じるか、受け応じるかは、セラピストもクライエントも自分なりに、ということになります。同時に、ある緊張からくる負担感が生じる場合があります。

この緊張による負担感をどのように受け応じるか、というところは、各々セラピストのセラピィ観*による重要なところであると言えます。私たちは、クライエントの負担感は、その人が現実生活で感じている人間関係の緊張感にも通じていると感じます。ですから、ここにその人の生活の特色があるという意味で大切にしつつ、相互の応じ合い、新しい交流が起こることを重視しています。そういう過程を生み出す媒介としての音、音楽を臨床音楽という呼び方をしてもよいと考えています。

＊　ここで言うセラピィ観とは、セラピィで心理的な相互交流を重視すること、そして再体験過程が生まれ、その交流感をセラピスト自身の人間観形成に生かす、ということです。

4　音楽療法での過程

療法というのは、クライエント、セラピスト間に心理交流の関係が成立すれば、新しい展開が起こります。それは、クライエントにとって人間関係の受けとめ方の変化であったり、自分自身に対する新たな感じ方であったりします。例えば、“今まで他者には、自分がその時思っていることを言えなかったけれど、音楽療法でのバスドラムの演奏で、自分からリズムを変えてセラピストの音に応じた時、演奏の雰囲気が変わったことを感じる”というクライエントの言語表現がありました。それは、自分が変わることで相手も変わるということであり、私たちが言うところの、心理交流の新たな過程が生まれるということです。

このような展開は、すぐ起こるわけではありません。そこは楽曲演奏とは異なる、心理臨床の場での音楽演奏を経て、クライエントの自覚する意識（自己再体験）がより明確になっていくことで可能となります。それが音楽療法下での臨床音楽のはたらきです。

①　初期場面——初めてクライエントと対面する時——

イ）やわらかい対応力をみつける——音の表現による交流——

自分を表現したいという意欲が高いクライエント、成人の方で音楽に関心をもっている方等の場面が思い浮びます。

演奏時、師岡先生は「素朴な音で。プリミティヴ（原始的）な感じ」と言いました。セラピストの音表現に対する思い入れが強いと、クライエントは戸惑うようです。どのように返したらいいのかわからなくなる、という具合です。ですから、ピアノのような鍵盤楽器でも、打楽器のように使うこともあります。セラピスト自身が常識的な楽器奏にとらわれず、「自分のこだわりを棄てる」と、クライエントの音の応じ返しに自然さ、即ち今の自分に素直な音が生まれます。素直に表現できるということは、いまの自分をありのままに「出す」ことです。人はこの体験を基礎として、よりやわらかい対応力をみつけるのです。

意図せず出した音を通してこのような交流の起こるところが、音楽療法での演奏の不思議なところでもあり、実践の事実でもあります。常識知に縛られない、或いはある規範（～しなければならない）から脱する動きが起こった時、音楽療法の場に新鮮な交流が生まれ、それを土台として、クライエント、セラピスト相互に内的成長の場となります。

ロ）相互の心理的な流れをつくる——音の表現に葛藤するクライエント——

人と対面することで緊張感が高まるクライエントの場合は、クライエントからの自発的な表現を待っていては、過度な緊張感が増大します。セラピストのやわらかな対応がポイントで、協力しつつクライエントからの表現を介しながら、お互いが音の交流を続けていくのです。このような時の音、音楽は、メロディックに流れていくものでなく、ダン　ダン　タタ　ター、ダーン　のような展開音となるでしょう。

クライエントの演奏時の楽器としては、音の出しやすいバスドラム等が適しているようです。音を出す時には言葉をかけるだけでなく、実際に手を添えてまずは一緒にやってみることも、セラピストの気持ちを伝えることになり、関係感が生まれます。クライエントに躊躇感があったとしても、動揺する気持ちは若干低くなり、新しい経験に集中していきます。

セラピストが他の楽器で応じる際には、拍は刻まずに、クライエントが音を出す間合いを聴きながら単純に音を出すということが、自然な流れとなることをしばしば経験しました。中学生のある男子は、訥々（とつとつ）と長い間を空けながら音を出し、セラピストはクライエントの間に応じ返すという演奏でした。そうしているうちに、クライエントの間合いが少しずつ短くなってきて、意欲的になる感じが出てきました。

ですから、セラピストは音をあまり変化させず、リズムや拍感をつくらずに、クライエントの内面のテンポ感がより伝わってくることを大切にします。

テンポや拍子はセラピストがつくるのではなく、クライエントとの交流感によって生まれてくるのです。したがって音表現は、クライエント、セラピスト両者の心理的な流れでつくっていくのです。

②　クライエントの音表現

人はそれぞれの音表現をします。

初回から３、４回までの場面で、私たちが経験した多様なそれぞれのクライエントの音表現の特色を要約して、以下に述べてみたいと思います。

ひとつは個人それぞれの状態の特色とは別に、初回から３、４回の展開には、心理的に不安的な状態から安定化に向かう共通の特色があることです。

ある人は過緊張の状態から、だんだんと安定感が増していく過程が展開します。またある人の場合には、楽器をどう使うのか、自分の表現としての音を生み出すことを期待し過ぎて高い緊張感を経験しますが、だんだん自分に合う音を創り出すことができて、喜びを感じ、十分に充実感をあじわい、安定感を得ていくという場合もあります。

楽器があるということが課題性を与えること、特に私たちの日常では音楽というものが「教育としてある」ものになっていて、いつでも楽しく遊ぶというものにはなっていませんので、楽器に直面した時の緊張感は高いものになってしまいます。しかし、バスドラムをはじめ、さまざまな打楽器類は、音を出してみると誰でもそれなりの音が出ることから、その音を自分の表現として出すことに緊張感はなくなっていくようです。私たちは、打楽器類がクライエントにとって最も使い易い楽器であり、心情に即した表現が可能な楽器であると認めています。ピアノも、弾き方によって打楽器となります。

初期の、緊張感が高く不安定な時期は、困難な時期というよりある配慮を必要とし、展開をいそがない時期として、セラピストが自身の対応力を問われます。

セラピストの対応力とは話しかける力です。楽器はその時その時の気分の表現が可能であり、使い方も自分の工夫次第で広がること、この２点を伝えることです。その伝え方に、セラピストの個性と能力が問われるのです。ひとつは体験を積み重ねること、セラピスト自身が楽器をいろいろに工夫し活用をすること、に尽きるかと思います。

初期の過緊張の段階を過ぎて、クライエントがある楽しさを経験し、セラピストとも交流感を経験しますと、場面は音表現としては楽しいのですが、これがクライエント自身の問題解決にどう結びつくのか、その辺のところが不明なままでは、根本の不安が残されたままであると言えます。

私（師岡）はそのことを含め、セラピストとしての考え方を両親や教師等クライエントと直接かかわりをもつ人に伝える必要を痛感しています。

私の考え方としては、

⑴ 音表現が、クライエントの問題解決にどのように作用するのか

⑵ 内面の経験と、いまの気になる症状との結びつき

⑶ 或いは本人は気にしていなくても、両親や教師が問題がある、とみている

という三面をわかり易く伝える能力がセラピストには問われます。

クライエントにとっては、⑴については、音表現を通して自分が楽しむことが出来た時に、気分が安定し同時に意欲的になっているという事実を、セラピストがクライエント本人に伝えて、しかもクライエントもその事実を認めて、納得するという体験です。

⑵については、気分的な不安定感や、落ち着いて物事に集中することができないことで、身体的にも頭痛とか腹痛とか吐き気とかが起こりやすくなったり、いわゆる自律神経、交感神経の緊張から、身体的にも気分的にも不快であり、日常の生活場面での安定感を欠く状態になること等を、場面の折々で伝え、同時にクライエントがそのことを十分に理解し、納得すること。

⑶については、親や教師が気にすることは、実は自分が最も気になることであり、それは即ち親や教師がうるさいのではなくて、自分自身にも問題があると納得すること。外側の評価と自分の気持ちの一致、自分でも冷静になれば問題があると気になっていること、を認める体験をすること。

これら⑴〜⑶を押しつけるのではなくて、クライエントと一緒に、理解し受け容れることができるような対話能力が問われます。

そして、クライエントが安定するために、即ち⑴〜⑶の過程を十分に受け容れて、自分のこととして取り組むという心の姿勢をつくることと、クライエントの音表現をどう構成していくか、この場面構成こそが、セラピストの能力が最も問われる点であると思います。ここで大切なことは、クライエントの素朴な音表現を（全心身的表現として）生かす対応力です。

5　クライエントとの実際場面から

①　調和的な音交流を実感する

音表現はその人のすべてを含みます。そのうち感じとりやすいのは、クライエントの今の状態像の顕著な一面です。それは、クライエント個有なテンポ感と音量にあらわれると同時に、身体表情にも顕著に表現されます。

テンポ感は、個有なものとして尊重されなければなりませんが、セラピストはクライエントのテンポ感を重視しながら、そのテンポ感を生かしつつ、速めたりゆっくりしたりしつつ、交流の充実感を生み出すような配慮をすることが望まれます。非常に速いテンポ感のクライエントの表現を、ゆったりとしたテンポ感に変えてゆくことができるということは、安定した気分、同時にその人自身の内面の安定感にも直結するものです。交流感を大事にしながら、安定感へと進むことが大切です。自由に演奏しつつ、安定感を生み出すのです。

音量は何をあらわすか、というと、感情の高揚感です。しかし交流感という点からすると、音量が過剰に大きくなるクライエントは、自己中心的で他者の音を聴かないという一面をもっているとも言えます。その表現は、一方的な自己主張であるともとれます。セラピィでは、その傾向を指摘するのでなく、交流感を味わうことで自己をコントロールする力を生み出すことに最大の関心を向けます。問題を一方的に指示するのではなくて、交流感という他者との協調、協働の重視です。

セラピストがクライエントと協力する、と同時に単に一方的な音表現にとどまらず、両者の調和的な音交流が大切であることをクライエントが実感できれば、セラピィとしての目的が達成されます。ことばではなくて、セラピストの音がクライエントの耳に届くような表現となることが望まれます。

イ）音表現からセラピストとの関係の構築へ

クライエントはある内面的な傾向を、強く表現するときがあります。例えば障害のあるクライエントであれば、音を出すことに関心は示しても、その場にいるセラピストへは関心が及ばないということもあります。そうすると、自分の出す音によって気持ちが高ぶり、ますます大きな音で演奏し続けるということが起こります。

20歳代女性のEさん（ダウン症、日常生活での言語表現は2～3語文）とのセッションでは、マリンバで音を出している時に、セラピストがバスドラムやブーガラブーで応じながら、交流感が増していく場面がありました。この時クライエントは、セラピスト*と深く交わる意欲を示し、音楽よりセラピストとの人間関係に関心を向けるようになりました。私たちは音楽の影響力を認めつつも、セラピストとの人間関係の深まりを重視しています。それは変化の進展過程を生み出しているのは、関係性にあると認めるからです。

＊　この場面でかかわっていたセラピストは、スーパーバイザーである師岡先生です。

クライエントとセラピストの関係感が変化していくにしたがって、クライエントの表現が変わっていく過程を、場面の展開に沿って以下に紹介します。

〈場面1〉　音とともに、相手への関心が生まれる

始めは、Eさんがマリンバで先に音を出し、セラピストがブーガラブー*で応じ返しました（一拍♩＝70前後）。Eさんの演奏する音域が変わった瞬間、ほぼ同時にセラピストは楽器をバスドラムへと変え、異なる音色で応じました。

＊　ブーガラブーとは、民族楽器のひとつです。打面に動物の毛皮が張ってあり、柔らかく多彩な音色です。師岡先生が言うには「物語性がある」とのことです。

クライエントの音域が変わるというのは、感情体験の流れが変わったととることができます。セラピストは同タイミングで応じ返し、変化の瞬間を感じとっていると言えます。セラピストはこの後、（気持ちが）「乗ってきたかな」と伝えていました。言語化することは、クライエントがよりセラピストとの関係を意識することにつながります。

セラピストがブーガラブーを連打すると、Eさんは振り向きました。音とともに人への関心も生まれているようでした。

〈場面2〉　過動から安定へ

それまでの不規則な間がある演奏から、Eさん、セラピストというように、一拍ずつの交互奏になりました。次第にEさんの音数が多くなり、連打するなど、せわしさが際立ってきました。強打する表現とともに、過動性が含まれてきました。テンポ感も上がりました（一拍♩=78前後）。

セラピストはブーガラブーの打面ではなく、縁を軽く打つ表現になり、刺激性の高い音色から低い音色へとバランスをとっているようでした。Eさんも、落ち着きが出てきました。

そしてセラピストの表現にEさんが応じる、という流れに変わっていきました。テンポも下がりました（一拍♩=70前後）。

〈場面3〉　クライエントがセラピストへ応じ返す

この時セラピストはブーガラブーの縁から面へと、再び音色を変えていました。Eさんは、セラピストのブーガラブーの音に、同程度の音の強弱、リズムで応じ返すようになりました。ここに至り、Eさんがセラピストの演奏を聴き取って、真似しようとする気持ちになっていることがわかります。

セラピストのバスドラムに、Eさんはマリンバの低音域で、セラピストのブーガラブーには高音域で、応じるようになりました。Eさんは、音域を使い分けているのです。

セラピストは一定の拍（一拍♩=70前後）を刻み、その流れのなかでEさんは、2拍分の間を取り、2拍分の音を出す、というように自ら間をとるというバランス感が生まれてきました。これは感情の抑制（コントロール）を意味すると同時に、相手との関係を自覚し、交流感を味わっていることを意味します。

音表現にも変化がありました。セラピストが若干強打すると、Eさんは速いリズム、或いは黒鍵で演奏しました。セラピストがバスドラムで静かに叩くと、白鍵や2拍の間が入る演奏になりました。ここではセラピストの音表現に応じるだけではなく、影響を受けて感情体験が変わり、音表現の変化へとつながっていることがわかります（Eさんの場合は、相手を聞くより自分を主張したくなるような強い気持ちが薄れ、ゆったりとした気持ちの流れで相手の音が自然と耳に入り、その音と自分の表現で流れをつくるような演奏になったという変化です）。

〈場面4〉　躍動感とともに身体表現を伴う

セラピストは力を抜いた軽い音で一定の拍を刻む中、Eさんの表現が、流れ出す感じになりました。テンポ感は一定に保たれています（一拍♩＝70）。

Ｅさんの叩き方は若干ゆったりし、一拍に１～２音となり、せわしさが薄れました。

その後左右交互に叩く音数が一拍に７音と増え、音域は１オクターブ前後と広がり、躍動感が加わりました。セラピストは、バスドラムで安定感を持続させて応じているようでした。（一拍♩＝70 前後　揺れ動きを含む）

Ｅさんは声を上げたり、左手を大きく上に振り上げたりしながら演奏しました。心地よさ、或いは楽しさを体で表現しているようでした。

テンポ感が少し速くなり活気が増す中、Ｅさんはマリンバ高音部から低音域にかけて、マレットを交互に細かく動かしながら、一拍分ずつ上下する活発な動きとなりました。そして再び高音部へ向けて弾ききった時、フレーズの区切りで、手を振り上げました。歯切れの良い演奏でした。その間、セラピストはブーガラブーの面を常に一定のテンポで叩いており、Ｅさんはその流れに乗りながら、音表現と身体表現を同時にしていました。（一拍♩＝80）

ここでＥさんの内面での経験を想像しますと、快感情を土台に、音と身体表現において一致感ある流れになっていると同時に、セラピストとの関係感のもとで、交流感を味わっているとも言えます。

〈場面５〉　高揚感が言語表現へ

この時Ｅさんは『最高』と言いました。セラピストは「最高……気分いいねぇ」と応じると『うん』と返事をしました。音表現と身体表現に加え、言語表現も自然に出ました。Ｅさん自身が、自分を全体的に（心身ともに）味わって表現し、音表現、身体表現、そして言語表現と統合感のある体験をしているようでした。

セラピストは「今度こっちに合わせて」と言いながら、バスドラムを叩きました。関係感が密になったこと、より親密な交流感をＥさんが自覚することを促進するような表現でした（一拍♩＝74　テンポ感は少し下がった感じ）。

Ｅさんは同音を連打する表現で応じていました。演奏開始時のせわしなさを含むような音色ではなく、協演していることをよろこびと感じて、気持ちの高まりが次第に大きくなる音の連続（クレッシェンド）のうねりとなって、表現されているように感じました。

ここまでの演奏時間は約 10 分間でした。

ロ）クライエントがセラピストへの関心を深める

このようにクライエントの音表現のスタイルは個有なものを土台にして、セラピストの影響を受け、変化していきます。内的体験の変化が表現の質を変えていく、とも言えます。

臨床的な場での音楽とは、音遊びにとどまらず「音楽が音楽としてクライエントに伝わる」ということです。クライエントに伝わるのは、音楽に含まれる快感、及び哀感の両極端の音質です。したがってクライエントにとっては、快経験としての音楽と、哀感を含む安定感を生み出す音楽との両面があります。そのような音楽を介した時に、交流関係へと発展します。

その過程でクライエントは

・安定感が増し、落ち着く。

・聴いて応じるという循環のなかで、気持ちが流れていく。

・自分ひとりの満足ではなく、他者とともに味わうよろこびを経験する。

ここに、音を介した交流過程の関係感の変化をみることができます。

ですから、クライエントの抱えるある問題、或いは傾向に着目するのではなく、クライエントその人の全体へ関心を向けていることが大切であると言えます。セラピストからの影響を受け音の表現が変わること、それはクライエントにとって感情体験の変化であり、関係感に開かれて、それまでの不安定な内的傾向から離れ、発展的な過程へと移行していきます。

ハ）セラピストの姿勢から

ここでのセラピストは、スーパーバイザーである師岡先生です。師岡先生の実践から私（小山）が学んだことはさまざまあります。特に今回のセッション場面から、セラピストの姿勢として気づいたことは以下です。

・クライエントに応じ返す時、今は促進するのか、安定するのかを自覚してかかわっている。

・それによって、楽器を選択する。同じ楽器でも音色に変化をつくる。

・クライエントの内的体験が変化する瞬間を感じとり、即表現にして応じる。
ここを師岡先生は
「クライエントの情動の先を感じて、流れをつくっていく」
「そこに含まれる意図を音化する」
と言っています。私は、セラピストの直観による覚醒的対応と呼びたいと思います。

同時に、クライエントの内的経験がはっきりと変わったと感じられた時には、セラピストのほうからその感情体験を言語化して応じることで、クライエントもまた、ことばで応じ返すという交流へと発展していくことが明らかになりました。

② 音表現に、躊躇感が含まれている場合

躊躇感は、相手との過剰な交流*、もしくは依存、或いは過度な相手への配慮が、音表現の特色としてあらわれます。音表現の流れを自力でつくっていくのは、なかなか難しいものです。

＊ 過剰な交流とは、クライエントが積極的に動くどいうことでなくセラピストの、安定感を欠いたサービス精神によるものと言えます。要するに、黙って見守ることができないセラピストの心の弱さが生み出しているものと言えます。

例えば、拍子感を単純な２拍子から４拍子へ等変化させていくことで、クライエントの内的流れに沿うだけでなく、セラピストが新しくつくってゆくことを入れないと、音表現の意欲も停滞し、緊張感が薄れていきます。特に拍子感が明確になるところで、自然に音量が強まったり弱まったりすることがあります。クライエントは音の強弱といった変化を自己表現の音として受けとめ、安定感が増すようです。そのような変化と同時にセラピストは、前進性という視点からマーチ風の音表現になる交流感を大切にしてゆくことも、ひとつの着眼点です。

クライエントの感情経験に対して、同質的というよりむしろ援助的なかかわりを、クライエントとの一体感の中でセラピストがどう形成していくのか、その能力が問われるところです。

6　場面に展開が起こる時——生活感情の変化——

セラピィでは、音色(おんしょく)は、クライエントの音質に合わせることになります。例えば、クライエントがまだ演奏に集中し切らない時は、こちらの出す音と音の間を空けながら、思い入れを込めすぎずに、音の構成や音域をあまり変えないで応じることが多くなります。集中し、意欲が出てきた時は、低音域から音域を上げたり、単音から重音や和音へと、音域と音数を変えて応じていきます。

以下に音表現からクライエントの生活体験感が感じられ、展開が生まれた場面を挙げます。

①　緊張が薄れ、感情表現へ

例えばマリンバやピアノ等、音程差のある楽器でクライエントが音を出していると、フレーズ感を伴って聞こえてくることがあります。過度な緊張が薄れて安定し、その場での集中によって偶然音の連なりが生まれたとも言えますが、そこではある感情を表現しているのです。クライエントは、この音でとはっきりと自覚してはいないようですが、音域を変えたり音表現が上下行したりと、自分の内面により響く音を模索し始めるようです。

このような時、クライエントの情動やその流れがより明瞭に感じとれます。ですから、“だんだんはっきりしてきましたね”とか、“この音列には明るさがありますね”というような気持ちをもって、こちらも音表現します。すると、クライエントから同じようなリズム感で、その音列で表現が返ってくることがあります。この段階でクライエントが聴きとったということがはっきりし、交流感がより増してくるのです。

クライエントがセラピストの音表現を聴きとり、無自覚的であった音の連なりを、自覚してセラピストに返す、そのような応じ合いが起こる時、クライエント個有の感情表現が交流感*とともに感じられます。

＊「交流」とは、対面しているときの事実で、対面していて感情の変化を感じるときは「交流感」と表現しています。

ですが、どのような日常体験が土台にあるのかは、音表現から察することは困難です。そこは言語的表現によって確かめていくことが大切であると感じます。

②　日常生活での葛藤感が表れる時

時に音表現は、演奏という形をとらない場合もあります。具体例を紹介します。

ある成人の方とのセッションで、師岡先生は「今の演奏では自分を表現しきれていないでしょう」と伝え、数個のベルを放り出すように、床へ投げ落としました。その瞬間、はっとして目が覚めるような驚きと、もやもや感が吹き飛ぶような心地がしました。「こんなふうにして音をつくったら、今日のあなたにぴったりした」と師岡先生に言われクライエントは、『そうですね』と認めて『音が、鍵盤のある楽器、平均律ではなんかしっくりこない』と言いました。そこでクライエントは、自身のなかに衝動的な攻撃感があること、しかもそれを他者に出すことをしてはいけないと思う葛藤感があり、演奏ではそのような気持ちを表現しきれなかったことに気づきました。その後の演奏は、自身の内面をストレートに表現していこうとする、新しい意欲を伴っていました。

このように、純粋な音列の演奏では表し切れないもの、それは一見破壊的なようにもみえますが、その時の内面の事実が明確になることで、極端と思われた表現活動がクライエントその人の中で吸収されていく場面となりました。日常生活での葛藤感、それは人間関係において自身の苛立ちを感じる体験です。セラピストが楽器の制約を超えた、内面性への橋渡しをすることが、重要なのです。

演奏を音楽としてとらえるのではなく、むしろその演奏を生み出しているクライエントの感情体験（葛藤感）へ、セラピストが着目する大切さを学びました。

＊参考文献　『関係の創造』p.220。書籍詳細は、本書 p.134 に記載。

③　感情経験の変化が起こる

イ）今の自分を自覚する

自身の中に起こる様々な気持ちの流れ、それは日常での葛藤感であったり、自身に対する嘆きであったり、他者と通じ合わないことのかなしみであったり、人は内面でいろいろな経験をしています。セッションの場での音は、クライエントが体験しているであろう内面の感情が、音の流れによって表現されているのです。変化としては、クライエントは訥々（とつとつ）と音を出していて、あるところから流れがなめらかになったり、旋律的（であると聴こえる）表現となったりします。

それは内面の流れであり、クライエントの音表現は、そのクライエント個有の生活感を伴います。その生活感が、セラピストが主題となるメロディーを含み応じ返すことで、クライエントの表現が変わっていくことを経験します。

具体的には、クライエントの音色に張りが増したり、抑揚感が明瞭になっていくところに表われます。そこに主題性がはっきりしてきたとき、セラピストの選曲によってその主題がより深まったり、クライエントが今の自分を自覚することが起こります。音の中心には、いつでも人の内面にある悲しみが含まれています。

ロ）固執する気持ちが薄れる

クライエント（発達障害等）が、ある固定したリズムでのみ表現する場合は、拍感は同じでも、曲想やメッセージ性が異なる楽曲を組み合わせて演奏します。例えば、軍歌、ロシア民謡、クラシック曲等々、クライエントが好んで希望する楽曲以外も時に織り交ぜて演奏していくと、クライエントにとって表現の幅を広げ、他者と協調することがよろこびとなる時もあるようです。セラピストの演奏を聴きながら、曲想に変化に合わせてクライエントが自身の音表現（リズムや音色）を変えるということが起こりました。

そこでのクライエントの感情経験はどのように変化しているのかというと、他者からの影響を、快感情を土台にして、新鮮に受けとめる体験になるようです。これは日常生活での許容性が広がることにつながっていきます。同時に、自分の好みに固執する気持ちが薄れ、他者との交流に関心が向くようになるようです。

音楽は、展開力に富むという特色があります。人の心はとどまらず流れていくという健康的な発展性をもっています。そこをつなげるのがセラピストの「感得する力」であり、セラピストの表現力がクライエント、セラピスト相互感の深まりを得て、共通する体験感を形成し、心理的作用がより強化され、展開力となるのです。けれど、哀感を底流に含まない対応では限界があります。音表現の底流には、どんな表現にも哀感が含まれています。

7　新たな自分を感じるきっかけをもたらす――沈静作用――

セラピストが管楽器で応じ奏すると、クライエントの呼吸が深くなっていくという印象を受けます。クライエントからは“落ち着く”ということばがしばしば聞かれます。私（小山）は管楽器は演奏しませんが、ピアニカで代用することがあります。ピアノより音数が減る分、音のない時はクライエントの気配から、音の流れの抑揚感が、より鮮明に伝わってきました。吹く音は、同音で強弱の抑揚をつけたり、音を短くすることができ、自身の呼吸感やフレーズを伝えることが容易です。

同様に声は、非常にセラピストの居方や気持ちの向け方そのものを、クライエントへ伝えるものとなるようです。“声が聴こえてほっとした“というように、演奏への自然な集中が起こる、或いは自身の安定感へ直接結びつくという、クライエントからの言語表現がありました。印象的な例では、『心の詰まりがとれた』と表現したクライエントもいました。

沈静し深まることは、新たな自分を感じるきっかけをクライエントにもたらすのです。

8　音楽の展開に沿って――促進作用――

①　自らの方向性を明瞭に感じとる

音を出す時に、ピアノなら指で弾く、マリンバなら音程差でメロディーを作らねばならない、打楽器で一緒に演奏するなら拍子が合うように叩かねばならない、等々クライエントにとっては、楽器のある音楽療法の場は自分が立ち向かっていかなくてはならない課題が多くあると感じるようです。それは日常生活での、これはこうしなければならない、という考え方を含む観方です。

ある成人の男性クライエントは、音楽療法の場に来て楽器をどう奏すればいいかとセラピストに尋ねますが、『やりたいようにやってみてください、この場にいるセラピストたちが協力します』ということで説明をせず音を出すことになりました。始めはセラピストの演奏に合わせようとしていたようですが、リズムをつけて叩くうちにセラピストとの演奏に流れが出てきました。演奏後に気持ちの変化を訊くと、こんな感じでいいのかなと思った、ということで、『これでいきます』ということばになりました。つまり自分の問題解決（この方の場合は、抑うつ神経症と診断されていました）には音楽療法がいいと確信し、積極的に取り組んでいく気持ちになったようでした。

クライエントが演奏時に音の出し方にとらわれていたのでは、そのような展開は起こり得ません。セラピストとの音楽演奏によって促進的な影響を受け、意欲的になると同時に、自らの方向性が明瞭に感じられる、という体験をしたと言えます。

②　感じ合うという交流感のなかで――音楽を楽しみたいクライエント――

クライエントには、それぞれ好みの音楽があります。それを最大限に体験できるよう協力する、というのもひとつの関係感です。ですが、それのみではセラピィになりません。セラピィでは、音楽を通してお互いに相手を感じ合うという交流感が大切です。同時に、その場で味わいの変化が起こります。したがって、“楽しかった”というクライエントのことばが意味するものは、充実感があった、今の自分を十分発揮できたとか、こんなことが自分にできるとは思わなかった、という意外性が含まれています。関係においては、“通じ合った感じがした”というクライエントの表現があるように、音を出しているセラピストという人の心の姿勢や、自分に向けられている気持ちを感じとることも起こります。

イ）交流感が生まれる時

例えば、子どもがツリーチャイムを鳴らしている時、始めは楽器の形や音色に惹かれてのことかも知れません。ですが音の切れ目にセラピストが音で応じた時、鳴らす手つきや身体のしぐさに流れが出て、耳に入ってきた音を聴きながら、自ら間をとりながら演奏する、ということが起こります。この時セラピストが出す音は、クライエントに対して応じこたえる表現になり、交流感が生まれます。

ロ）「身体言語」から

障害のあるクライエントの場合、このような間を自らとるということは難しいようですが、身体リズム（ステップを踏む、身体を左右に揺らす等）を伴って音表現されたとき、気持ちと音がかみ合って進んでいくという協応性が高まります。関係の交流感を言語化することは不十分ですが、身体表現を通して、その時々の実感を言語化以上に明瞭にします。師岡先生はこの表現を「身体言語」と呼んでいます。

例えば、30 代の男性（自閉症）の場合は、開始時には直立の姿勢でマリンバを叩くように音を出していますが、演奏が進むにつれセラピストとの交流感が生かされて、音質が変わります。上下に首を振る等の身体表現が加わる時は、快経験を土台として、過程（プロセス）が進んでいることが感じとれます。そして全身を左右に揺らしながら、時にはステップを踏むような動きも出ます。このような時は過去の経験を思い出しているのです。同時に今の経験過程に生きている表現として、快経験だけでなく自己再体験しているのです。身体表現をこのように言語的に感じとることが大事なのです。

いろいろな考え方がセラピスト個々にあると思いますが、私たちがもっとも重視しているのは、クライエントの体験を言語化することです。特に障害のあるクライエントには、“うれしいね”とか、“気持ちがいいね”とか、“ハッピーな感じだね”等々の言語的表現を大切にしたいところです。

9　内的な経験に着眼する――「自己の再体験」――

ここまで紹介したのは、いずれも音のやりとりを通した相互交流感のある場で、自分を表現するということを通した体験です。クライエントもセラピストもそれぞれに音や声を介して伝え合い、受け取り、確かめ合うというのが、セラピィの実際場面で起こっている心理的交流です。そこで自分はどのようなことを感じたのかを明確にするのが、言語表現です。人はその場で思っていることを、なかなかことばにしにくいものです。クライエントにとっては新しい体験であればあるほど、驚いた、思いがけなかった、という感情を表現することばはありますが、それが自分にとってどのような意味があったのかという、内的な経験に着眼していくところでは、セラピストの配慮あるかかわりなしでは不可能です。ここを私たちは「自己再体験」と言っています。

これまでのセラピィ場面での音表現や演奏された音楽が、クライエントのどのような内的経験につながっているのか、印象的な事柄をいくつか紹介します。

①　実感体験の表現

演奏後、セラピストとの話合い（対談）の中で、ふとクライエント自身の内面に浮かぶことが言語表現となることがあります。それはクライエントにとって、日常生活での自分です。例えば、即興演奏時に楽器の形状から浮かぶ時があります。歌唱時の歌詞から浮かび出ることもありますし、セラピストの奏でるメロディーに触発される時もあります。それらは、いまの自分に関する実感体験の表現です。

②　自身に対して、新しい気づきが生まれる

感情的には人をうらんでいたり、拒否的な気持ちの流れのあることを、クライエント自ら感じとることが起こります。そのような時、例えば相手が自分を否定していたわけではなく、自分がそのような気持ちで向かい合っていた、という思い違いに気づいたりします。自分は、自身の思い込みを通して他者とかかわっていたのだ、そこは自身のとらわれであった、というところで、ある納得感が起こるということです。

音が心に与える第一の特色は、深い味わいです。自分を表現する音は心の流れを促し、気持ちの有りようを変えます。セラピストと対談することは、セラピストに触発されながら、クライエント自身の内面がよりはっきりすることにつながっているようです。それは、自身に対して新しい気づきを伴い、進展していきます。

その時過去の自分を味わいながら、自身を味わい直していくのです。それは再体験でもありますが、今の新しい自分でもあります。

③　再体験が起こる時

再体験のきっかけは、クライエントによってさまざまなようです。ここでは簡略に、印象深かった場面をとり上げます。

〔1〕

高校生男子のクライエントは、楽器の形がきっかけとなりました。具体的には、ボンゴの打面が2つ並んだ形状でした。クライエントによると、“片方は兄、もう片方は自分に思えて、叩いているうち神様はなぜか自分にばかり試練を与えるように感じて、自分の側しか叩けなかった。けれどよく考えてみると、皆それぞれの試練のなかで生きている。自分だけではない”というふうな新たな気づきに至ったことを、対談の中で述べました。

〔2〕

10代後半の男子（発達障害）は、自身に響くことばを歌うときには、声が大きくなり、そこに気持ちが込められているように感じました。歌い終えてから、どこが好きですか？　と確かめると、『ここが……』と指差し等で、気に入った部分の歌詞を伝えてきました。自身では言語化しにくい感情を、音楽的な抑揚（旋律の音程差やフレーズ感等）とともに歌詞で味わっていたようでした。

このように、障害のあるクライエントの場合は、歌を歌うとき、歌詞にその時の自分の想いを重ねるということが起こっているように感じます。

〔3〕

小学4年生の男子（発達障害、ことばの遅れによって関係障害を伴う傾向がある）は、ある時『君が代』が好きと言いました。その曲の、何が気に入っているの？というセラピストの問いかけに、『ゆっくりだから』と応じました。

日常では、過動傾向のあるクライエントでしたが、『小学校の入学式のとき、聴いて、よかった』と、君が代のテンポ感が印象に残っていたことを述べました。そしてセラピストの弾くピアノに合わせて、指揮をするように大きく両手を振り上げ、身体で表現しました。その時ことばでは表現しにくいであろう、そのクライエントがもっている内面の伸びやかさが伝わってきました。

この場面は、クライエントが君が代を聴き、印象を深めたと思われる体験から数年を経て、言語表現を伴って明らかにされた再体験です。このように自身の中で味わっていた体験を他者へ伝えられるようになったという、内的成長に感銘を受けました。

このような身体表現を伴う再体験が起こったあとは、徐々に言語的な表現が増え、日常場面での出来事や自身の感情を、簡潔なことばで述べることが多くなりました。

このように、クライエントは演奏中、或いはセラピストとの音楽的、言語的やりとりを通して、個別な体験をしています。そこで生まれる意欲や、新しく気づくこと、即ち今の自分を通して過去の自分をもう一度味わったり、自身を実感する（あぁ、今の自分はこうだなぁという自然に湧いてくるような思い）という内的体験を伴う過程を、私たちは「再体験」と呼んでいます。ここは、追体験とは区別しています。

参照「第6章　Ⅱ」。

このような再体験を重ねることで、やがて新しい自分で生きようという、生きる姿勢の変化を生み出すとともに、意欲が増して新しい実践過程が生まれていくのです。

ミュージックセラピストが出来得ることは、クライエントの味わいがより深まるよう、演奏時のテンポ感や音色の明暗をつける、その人の再体験にかかわる音遣いや選曲をすることにあると思います。

④　新鮮な実践体験をする

クライエントにとって、挑戦的に取り組むという場面になることもあります。具体的には、ピアノを弾いたことのない方（クライエント）がセラピストと連弾をする、ずっとバスドラムで音を出していた子（クライエント）がマリンバで音を出す、等々です。

ここでは困難な場面に対しての対応力が重視されます。音楽療法の新しい場面での実践力は、日常生活でクライエントが自身の安定感を支えることにつながっていくようです。日常的な自分に直面する難しさを伴いつつ、セラピストと協力関係をつくっていく過程で、新鮮な自分、前進する自分を生きる兆しが生まれます。

音楽を介し、人は自分を再体験する他方で、いまの自分を前進させているとも言えるのです。

⑤　幼少期の回想から、自分らしく生きる決意をする

音楽療法の場での音楽で、幼少期の記憶がよみがえるということもありました。

30代の男性のクライエントは、抑うつ神経症と診断され来所しました。第6回目のセッションで、クライエント、セラピストとも意図せず演奏していた曲想から、師岡先生が「人生の足音が響いてきている」と伝えたところから、クライエントは、子どもの頃の夏祭りの風景、祭囃子等が浮かんだことを自覚し、それは自身にとって、『自分を包んでくれた、守ってくれた、大きなものを感じる*』という言語表現となりました。師岡先生はそこを「精神的風土」と述べていますが、クライエントは、『(子どもの頃の) 何もこだわりのない時間の流れを感じていた』ということでした。

このように、クライエントが演奏中に感じているのは、時に自身の内面深くにある心象風景なのです。このような幼少期の回想性が増す時、いまの自分と過去の自分がつながり、安定感とともに、これからを生きるエネルギーを得るという体験をしているように感じます。それは同時に、より自分らしく生きようとする決意に通じています。

何かいい感じ、と言い表される体験には、クライエントにとって人生という長い時間を内包するような、心的エネルギーの回復を含んでいるのです。また、そのメッセージ性をセラピストが言語化することによって、クライエントに新しい自覚化が起こったというところです。

＊　上記のクライエントの表現は、下記参考文献『関係の創造』p. 57-58に記述されています。全セッションの逐語記録とともに、セラピィ過程がまとめられています。関心のある方、お読みください。

師岡宏之・高島恭子共編著『関係の創造』師岡カウンセリング研究所、2013年。
(書籍購入連絡先：師岡カウンセリング研究所へメールにてご連絡下さい。
miho.music.therapy.@gmail.com)

10　音楽を味わうことで生まれる内的体験――例えば、音程差から――

音楽は、その構造を知的に理解することが必要な場合もありますが、音の連

なりを味わう時には、自身の感情経験につながっているように思います。音楽療法のセッションの場では、クライエントはその音または音楽が、心地よいかどうかを聴きとることから始まると言えるでしょう。

①　音程感の特色――会話の語尾を音化する――

大脇義一は『感情の心理学』（培風館、初版1958年、増補版発行1971年、p. 220）において、人が感じる音程の快不快について述べています。この著書で述べられていることをまとめると、人は長3度、次に短3度、そして長6度、短6度、という順で快を感じ、もっとも不快に感じるのは短2度である、とのことです。

そこで師岡先生と私は、ピアノの音色でその音程差を味わってみることにしました。まず長3度の響きでは言語化すると、“そうですね”“そのような意味があるんですね”というように、肯定感、肯定的な意味を応じ返すことと同じ雰囲気をもつ、ように感じました。特にＦ音‐Ａ音（一点へと一点イ）の音感がそのことばにぴったりするようです。私はこの音程感に、安らぎ、安定を感じます。このようにしてお互いの感じ方を照合していくと、音の響きは演奏時の音感覚と言語化時の語尾に、共通する情動体験を含み、かなり一致していることがわかりました。

クライエントへ応じる音程感は、ことばと同じ意味合いをクライエントへ伝える雰囲気をもつのです。会話の語尾を音化すると、以下の〔表4-1〕のようになります。

表4-1　音程感と内的経験のつながり

音程	会話の語尾	意味合い	具体音（下音・上音）	響きの雰囲気
長3度	そうですね	肯定感	一点ヘ・一点イ	安らぎ、安定
	そのような意味があるんですね		一点ハ・一点ホ	発見
	今は安定しましたね		一点ホ・一点ト♯	方向性の自由さ
	～だとききました	受容的	ト・ロ	聴きとった
	うーん、あなたの感じは そうなんですねぇ			了承
短3度	～だとおうかがいしました	傾聴	イ・一点ハ	味わい
完全5度	～だと言われました	了解	一点ヘ・二点ハ	了解

例えて言えば、音程感はことばと同様の語調を運ぶということです。ことばにすると“～ですね”という肯定的な受けとめも、楽典的に言うと長３度となり、大別すると４種類の音の響きが生まれます。ことばで前進を促す言い方は、音楽では長３度となり、いずれも肯定的な表現となります。

これらはセッションの場でひとつひとつ解釈的に自覚して演奏しているわけではありませんが、“こういう気持ちが伝わってくる”とか“こんな味わいを今しているようだ”と感じる時、特定の音程感を含んだ演奏をすることはしばしば起こります。クライエントのその時の感情経験がはっきりしている場合には、こちらのメッセージとしてそのような特色をもって響く音程を、演奏展開のきっかけとして明瞭に伝えることもあります。ここはセラピスト各々が、自身の音感覚で培っていくところだと思いますが、私たちの実践においてセラピストの音化感覚を、会話の語尾、及び音程がもつ響きの一部分を概略化したものとして紹介しました。

音楽療法での即興演奏は言語的やりとりでもあるのです。そのことが同時に、関係感を深める音表現となっているのです。この感覚が開かれるという体験が、クライエントにとって新しい自身を感じとる新鮮さにつながるところ、しばしば経験します。

②　メロディーに含まれる音程感から
――クライエントが感じとったその意味――

セラピィの場では、ある音程差がクライエントの内面に響くことがあります。即興演奏の場合、相互交流感が深まってくると、言語的なやりとりをしているような感覚に近いものが生まれます。演奏後の対談によって確かめることはできますが、今のこの音でこう思った、という仔細はなかなか演奏直後では表現できにくいところでもあります。

ですが既成曲を使った場合には、メロディーを（セラピストが演奏し）ふたたび聴きながら対話することで、クライエントに響いた音程感はここであった、というようにある程度限定できる場合もあります。

イ）「すねている」完全４度

例えば、あるセッションで『裏町人生』（作詞：島田磬也　作曲：阿部武雄）と『星の流れに』（作詞：清水みのる　作曲：利根一郎）を続けて演奏した時、クライエントＦさんは、『出だしが似てますね』と言いました。そこで、もう一度弾いて一緒に聴き比べてみました。音は全然違うのですが『メロディーとして入ってくるものが、同じ感じを受ける』と言うのです。

そこでメロディーの抑揚感に着目してみますと、『裏町人生』では３小節目のＤ～Ｇ音、『星の流れに』では３小節目Ａ～Ｄ音の上行が似たような雰囲気をつくっているようでした。そこは切なさが漂う部分でしたが、いずれの曲も主題は、“すねている気持ち”にありました。この音程差を楽典的に言うと「完全４度」となります。クライエントにとっては、この音程感が「同じ感じ」につながったようでした。

この完全４度に着目してみますと、『星の流れに』の後半13～14小節目では、この完全４度のくり返しが下降の形でメロディーになっています。上行は切なさが際立ちますが、下行すると、より裏ぶれたやるせなさ、ふてくされている感じも伝わってきます。

このような音楽的表現をどのようにクライエント、セラピスト間で心的交流感を伴って味わうかが、臨床音楽となるか、楽曲分析になるかの分かれどころです。

ロ）その人の哀感に届くこと

すねて、そっぽを向き拒否感を表現する人には、“じゃあ勝手にしなさい”と応じたくなるのが日常一般的であると感じますが、そのような態度をとっている人の内面は、孤独でさびしく、こんな自分でしかいられない、という哀しみを抱えているのです。その底辺の哀しみに音なり、ことばなりが届いた時、セラピューティックであると言えます。

Ｆさんとのセッションでは下記のような対談（一部抜粋）となりました。

師岡：すねればすねるほど　ふてくされればふてくされるほど　そこに哀しみが表現される

F　：私はふてくされる名人だったんですけれどもね　ふてくされの名人
師岡：ああ　あなたが
F　：年中ふてくされてました
師岡：そこには哀しみが流れるでしょう　自分でも　ふてくされながら悲しいんだ

Fさんは『私は、ふてくされの名人』と過去の自分の態度に触れて、スッと言語化しました。このような展開が起こり、内面の一致感が起こると同時に、過去の自分が遠のき、今の自分を自覚（再体験）するところに、耳慣れた音楽が対談によって、臨床音楽となることを認めることができます。

ハ）人を味わう

上記の対談場面の続きです。

師岡：だから　ふてくされた人見て　よたってる人だなぁって見るか　ああ哀しみ抱いてる人だなぁって見るかって　観方二つに分かれるんだよ　よたってるなって　よたってる人は　自分はよたってるって自覚してるんだよね　それをよたってるって言われると腹立つ　すこうし気持ちの底にある哀しみ　つらさみたいなものみて　お前さんそんな態度とってるけど　ほんとはつらいんだろ　悲しいんだろ　って言われると　なんとなく近寄るんだよ　人って　演歌っていうのは　それをめざしてる　よって　演歌なんです　要するに　人間は意固地になったり　すねたり　反発したりするのは　つくってるんです　自分で　本当は実感としては　哀しみとかくやしさとか　やるせなさなんだけど　態度としてつくっちゃうんですよ　強がって
F　：そういう表現としてしか出せないっていう（そう）
師岡：強がって　意固地になって出してる　それを歌ったのが演歌なんだよ

師岡先生が言わんとしていることは、「目の前にいる人のすねている態度を、よたっている（気持ちがすさんで荒立っている、という意）ととるか、哀感をもってみるかで、まったく違う表現になる」ということであると思います。音楽療法で大切なのは、セラピストの味わい方であり、そのまなざしに含まれる情感であると言えます。

演歌は、日本人にとって内面の哀感を伝える曲調を含んでいます。明るさの中に秘められた強がりや決意の気持ち、或いは未練が前面に出ているけれど辛抱していこうとする気持ち等、相反する情感がメロディーになっていると感じます。

③　音色の物語るもの

感じたものを音にしていく感覚は、音程感として表現されるように思いますが、実際の演奏場面では、その音程差を生かす「ねいろ」も大切であると感じます。たとえ快経験をもたらす長3度の音の連なりであっても、演奏する側（セラピスト）の気持ちが迷っていたり躊躇していたり、ただ音を出すという姿勢でいたのでは、その表現はクライエントの内面に響かないことは容易に察することができます。

同じ音程差であっても音の連なりであっても、音と音をつなげるのは演奏している人の内面です。そうすると音遣いだけでなく、その意味を伝えるねいろも重要になります。

イ）ピアノの場合

ひとつの楽器で演奏する時に、例えば少なくとも以下のような4つの異なった特色をもつ音色を、セラピスト自身がはっきりと自覚して音を出すことが大切であると考えています。

（私自身（小山）はピアノが専門楽器なので、鍵盤奏法の話で恐縮ですが）ピアノで4つの特色を出すために、手指の形（タッチ）、打鍵の速度や深さ、一音の明瞭さ等々に変化をつけます。その場での自身の気持ちの流れと、クライエントへの伝わり具合を感じとりながらの演奏になりますが、曖昧なねいろは空気が濁る感じを受けます。ですからセラピストのねいろは、時に明瞭であることが肝要で、クライエントの内面的な表現につながるものとなります。

〔図4-3〕では四角形になっていますが、これはその時々の傾向をわかりやすいように大別し、特色を表すために簡略に示したものであって、実際はもっと複雑で四角形にはとどまらないことを付け加えます。同時に、内面の流れはあるバランス感を生むというのも、実践を通しての実感です。

ロ）管楽器の場合

「音を出さずに。息だけのねいろで」師岡先生はしばしば管楽器を演奏する研修者に伝えています。或いは「風のような、かすれた息の音」とも表現します。これは自然界の音を含むねいろで、ということであり、クライエントの演奏時の過度な緊張の負担感を減らしたり、内面に響くものとなります。そのようなねいろは、鍵盤楽器のような音程がもともと定まっている楽器には出すことはできません。したがって、管楽器の特性を生かしたねいろとも言えます。

クライエントの内面的な主題が明確になってきた時には、管楽器のメロディックな音の連なりが展開を促すこともあります。

私たちは、管楽器には鍵盤楽器にはないはたらきで、クライエントの内的な体験を広げ、深める場面をいろいろ体験しました。特徴的なものを図式化すると、〔図 4-4〕のようになります。

管楽器のねいろの特性は、クライエントの内的経験の明瞭さを、より増すはたらきをもっていると感じます。特に内面深くに届くねいろという点では、フルートとの演奏を体験したあるクライエントは、『自分でも気づかなかった、隠していたものがでてきたような感じ』と表現しました。

ピアノのような鍵盤楽器は、曖昧な音程（ビブラートのような）を単音でつくること、一定の音量を持続させることは困難ですが、管楽器は繊細な音程差で心の流れを表現することが可能です。セラピストそれぞれが専門楽器の特性を生かすことは、クライエントの人生を生かすことにつながります。

ハ）打楽器の場合

打楽器で伝えるのは、リズムのみではありません。心の鼓動は、心臓の音そのものです。連打によって躍動を感じるというのは、生命活動のエネルギーに直結しているからであると感じます。

リズムの質を決めるのは、クライエントの感情経験に応じていく、セラピス

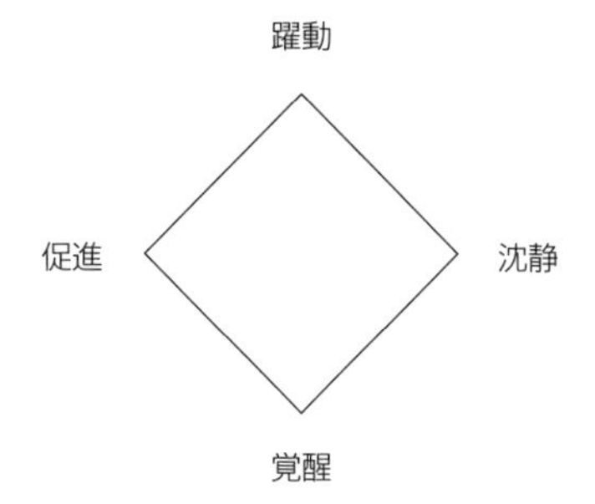

図 4-3　音の内的経験に及ぼす 4 原則〔 1 〕

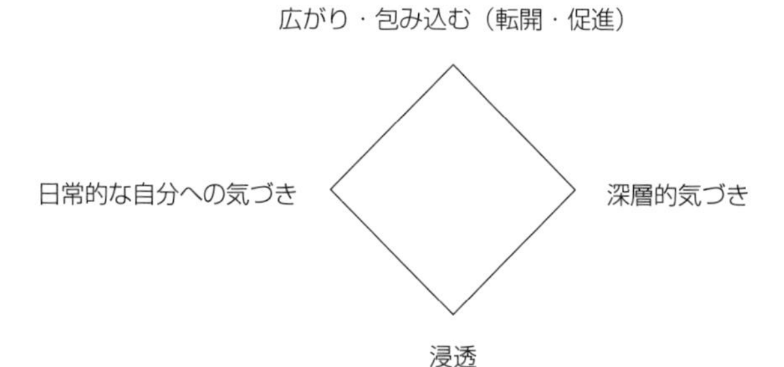

図 4-4　音の内的経験に及ぼす 4 原則〔 2 〕

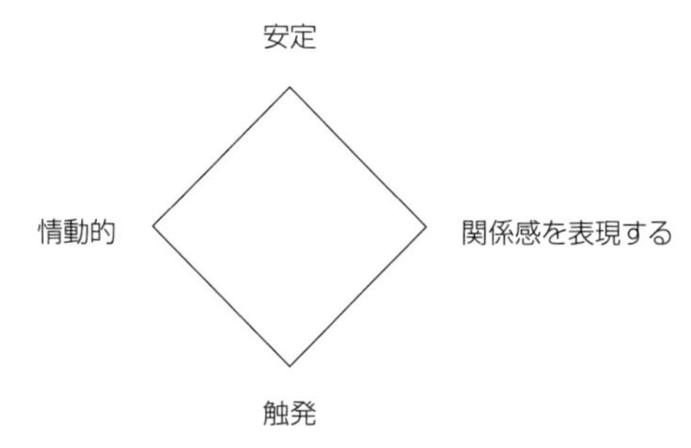

図 4-5　音の内的経験に及ぼす 4 原則〔 3 〕

トの内面の流れです。単純なねいろであるがゆえに、ストレートに伝わる、つまり明瞭さを添えて、応じ返すことになります。加えて（例えばバスドラムでは）、面を叩いたり縁を叩いてバランスをとったり、ねいろの変化をはっきりと表現することもできます。

〔図 4-5〕は、打楽器の特色から感じる、ねいろの持ち味です。

セラピストがねいろの変化をつくることで、クライエントもまた表現が変わり、さまざまな相互の心理的な交流感が生まれます。

ニ）各音域の特色

ここまで音楽療法で用いられる楽器の際立った特性を述べましたが、鍵盤楽器であっても打楽器のような情動的なねいろは、低音部を奏することで可能になりますし、ひとつの楽器でも各音域が伝える情感の違いもあります。

私たちは、低音域は主に情動へ、中音域は感情領域へ、高音域は変化をつけるはたらきがあるように感じます。（即興）演奏開始時はクライエントにとって、まだ何を表現していいのかわからない、ということもあるようです。ですからクライエントの音表現を情動感として受けとめ、快・不快の体験感を感じとることになります。これは感情経験の母胎となります。

交流感があれば演奏していくにつれて、やや何らかの特色ある響きが生まれてきます。ここをクライエントのいまの感情経験とするならば、セラピストは感じとったその特色をメロディー化して伝えることになります。この場合多くは、低～中音域が適しているように思います。そして活性化してきて弾むような気持ち、或いは何か少し変化をつけたい気持ちになった時には、高音域で装飾的な音を加えます。ですがセラピィの時は内面化を重視するという意味で、低音～中音域を用いることが多く、高音域はあまり用いません。特に障害のあるクライエントの場合は、過動性、或いは不快感（聴覚過敏による等）を引き出す場合がありますので、高音域で表現する時には繊細な配慮が必要です。

音域とその特色、そしてクライエントの内面化への援助は、決して〔表 4-2〕のように割り切れるものではありませんが、私たちの実践から中核的な音域のはたらきは、このような違いを含んでいると考えています。したがって楽曲（既成曲）を演奏する場合も、クライエントの内的体験に沿うよう音域を選ぶことを重視し、時に原曲とは異なる音域で演奏します。そうすると伝わる情感が耳慣れた原曲とは異なり、クライエントが自分自身の個有の経験に立つということが起こりやすくなることも、実践から学んだ事実です。

表 4-2　音域と内的経験の関係

音域	はたらき	演奏の特色	内的経験
高音域	変化をつける	装飾的	解放感・高揚感
中〜高音域	前進性	情動感	快経験
中音域	明瞭さ	感情感	感情経験がはっきりしてくる
低〜中音域	内面化	沈静的	自身の内面を味わう
低音域	強い情動	エネルギー感	感情経験の母胎
		躍動感	（攻撃感、拒否感、否定感等を含む）

ホ）各々の特性がとけあう時

楽器にはそれぞれ特性があります。同様に、セラピストもそれぞれ特色あるかかわりをします。私（小山）はピアノを自分の主楽器とし、時に自身の声でクライエントの内的経験に添うことを大切にしています。ですが、鍵盤楽器では明らかに表現しにくい時は、他の楽器を用いたくなることもあります。

研修初期の頃、師岡先生に言われたのは「すべてピアノで表現しなさい」ということでした。あれもこれも、といろいろな楽器を演奏したり習得しようとするのではなく、まず自分の専門楽器で工夫を試みるということです。「ひとつで表現できないのに、他で表現できるわけがない」とも言われました。大切なのは、セラピストがクライエントをどのように感じるか、いまのクライエントの経験の中核を感じとる自分が明瞭であれば、どの楽器でも伝わるのです。

師岡カウンセリング研究所では、クライエントひとりに対して、セラピスト（研修者を含む）が複数でかかわっています。クライエントを含めてそれぞれの特性が演奏においてとけ合う時、楽器の個有さとともに、相互関係の深まりをその場にいる皆が感じる体験が起こります。

個が際立つと同時に、共応性の高まりが生まれる。そして内的経験と音表現の一致、相互関係を通して共有感が深まるところに、セラピィでの音楽が臨床音楽となる意義を認めることができるように思います。そのような時「再体験」は、実感を伴った了解体験になり、セラピィとしてクライエントの「自己再体験」が、クライエントにもセラピストにも明瞭に了解できるのです。

まとめ

1　音楽療法での臨床音楽

（1）療法としての特色

クライエントの感情経験の特色に相応する音楽を、セラピストがつくる。

クライエントはそれを受けとめて、自分の内面の表現とし、音楽表現する。

この循環的発展を、臨床音楽と呼ぶ。

臨床音楽とは、クライエント、セラピスト相互の内面の音化、音楽化である。

（2）場面展開の特質

音楽療法の場面は、クライエントの「自己再体験過程*（師岡）」である。

初期場面では、現段階の葛藤体験が表現される。次に自己体験が安定的に進み、自分に対する肯定感が表現され、セラピストと相互に自己表現を通して自己再体験が進み、個有な自分の内面に向けて関心が起こり、表現が続く。最終的には、人生の生きた哀感の表現となる。

内面の底辺では、生きる集中力が持続的に展開する。現実生活の自身の内面の展開過程が音楽的に表現されるのである。

＊「自己再体験過程」をここで簡略に述べると、従来はクライエントの自己洞察ということばが用いられていた。自己洞察というのは、経験の一部を取り上げている。再体験というのは、自分の人生の経験を全体的に味わうということである。

セラピスト、クライエントの両者が、主に音楽表現を即興的に表現する過程が、どのように展開していくかを要約して述べました。それは同時に、クライエントの自己再体験の展開過程でもあるのです。

クライエントの自己再体験過程については、師岡が章をあらためて*詳細を記述します。

＊　第1章　Ⅱ（2）、第6章　Ⅱ。

音楽療法の場面を車に例えて言えば、音楽（のはたらき）がガソリンです。即ち全体を動かすエネルギーとなります。そして車の前輪が臨床音楽、即ち音楽による交流です。後輪は、自己再体験です。ですから前後輪がバランスよく回

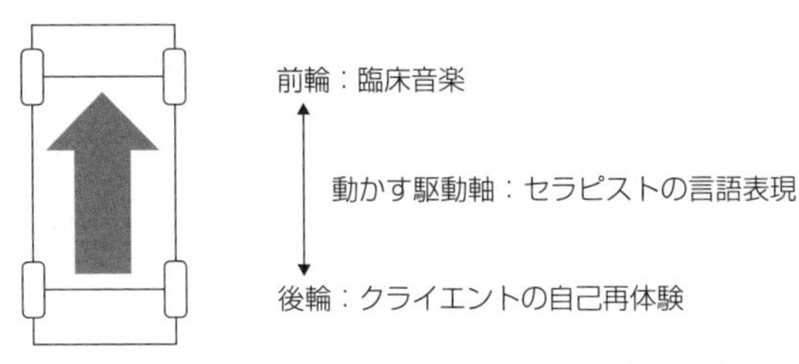

図 4-6　クライエント、セラピスト関係の深まり

ることが大切で、車を走らせる駆動軸がセラピストの言語的交流です。同時に、クライエント、セラピスト両者間の関係を深めます。

一般的な音楽と臨床音楽

いわゆる音楽は、既に促進力や沈静化作用とか、感情経験の促進力、安定化作用として、はたらきのあることが認められています。さらに身体的には交感神経、特に副交感神経に働いて安定させる、というように述べられていますが、いわゆる音楽と臨床音楽は違うのです。

臨床音楽とは、クライエントとセラピストがその音楽のはたらきを作用力として活用し、クライエント、セラピストの両者が心理的な交流体験をする時には、主にクライエントにとっては自分を再体験するはたらきとなります。同時にセラピストにとっては、自己の感情経験を土台としながら、クライエントの「自己再体験」の進展にどのような影響力が働いているかを洞察しながら、相互関係を深めていく作用力となるものです。

セラピィ場面での音楽とその作用力について、さまざまに述べてみました。音の受けとり方だけでなく、臨床上の意味の発見、即ち人の内面への影響は、セラピスト各々に体験されていることと思います。私たちの実践から得た事実をきっかけに、音楽療法に携わる皆様が自身の実践体験から、いろいろと検証を重ねていってほしいと思っています。そのような気持ちから、一般的な音楽とは異なるという意味合いで、臨床音楽と名付けました。臨床音楽は完結するものでなく、セラピストの感受性によっていろいろな芽生えがあることを、今後期待しています。

その時その場の展開に音表現で応じていく、そのタイミングや的確なかかわりは、実際場面を体験していくことです。心理臨床場面での経験の仕方を、文章化する糸口をつかむことができれば、或いは新しい観方が開ければ、より深い交流感へつながる場合もあります。対処的な方法論ではなく、その場でクライエントの体験を感じとりながら、セラピストが新鮮（直観的）な対応ができれば、場は発展的に展開します。それは、「自己再体験」の過程なのです。

学びについて

スーパーバイザーの実践から学び吸収するというのは、実践場面で自分の表現が変わることにつながります。私（小山）はセッションの演奏中に、表現の仕方を変えようという自覚が明瞭になった体験をしました。

先述したＥさんがキーボードを弾き、私はバスドラムで応じていた時でした。始めＥさんは指を動かしたり、指全体で鍵盤を押さえたり、とさまざまな動きで音表現し、テンポは一定ではありませんでした。ですが私は一定のテンポ感のある流れで、同じリズムを繰り返しました。お互いの音を出すタイミングは、合ったり合わなかったりという流れの中で、Ｅさんの抑揚感が高まるときには、打点を多少強く応じ返しながら、テンポ感はほぼ変えずに演奏を続けました。そのうちＥさんの音数が少なくなり、音を伸ばしながら間があくという表現に変わりました。私はＥさんの落ち着いてきた雰囲気を感じ、一定のテンポ感での定拍打ちになりました。

クライエントに添うというのは、同様の抑揚感を表現し返すととらえられがちですが、クライエントの抑揚感を感じとりながらも、ある一定のテンポ感の幅でセラピストが応じ続けることで、安定という道筋にクライエントが自ら落ち着いていくということが、その変化から明らかになりました。

私が（クライエントのテンポ感に追随するようなそれまでの）自らの表現の仕方を変え、一定のテンポ感で定拍のリズムを表現し続けられたのは、Ｅさんと師岡先生の音のやりとりの流れが、楽譜で頭の中に入っていたからです。楽譜にしたのは、相互交流でポイントとなると感じられた音表現で、何度も聴き直しながら採譜したものです。加えて、その場にいて感じた交流感を文章で表現する、という作業をしたことによるものです。

音楽療法での学びは、楽譜という形にするとともに、感じとった相互交流を言語化した時、全体の流れが把握できるのです。その作業を通して、自分の中に場面に対する納得感があれば、その後の実践場面で自然と生きる表現が生まれる、ということもわかりました。

クライエントとセラピスト間の音の交流を楽譜化し、実践する過程で気づいたのは、クライエントとの交流感が増す中で、セラピストの内面にその先の道筋が予感されるように浮かんでいると、クライエントが明瞭に聴きとり、影響を受ける音表現になっている、ということです。

「頭でわかっただけでは本当にわかったことにはならない。臨床家は、自分の実践で確かめた時、本当にわかったということになる」

師岡先生に、常々言われていたことが響きました。

第5章　実際場面

《実践例1》　新しいクライエントを迎えるとき

小山美保・師岡宏之

子どもが学校へ行けなくなった、という両親の訴えですが、本人（クライエント）の体験を、本人が述べているままに紹介します。

以下の各回の記述は、セッション記録から抜粋しました。ピアノでの演奏は小山です。スーパーバイザーとして、師岡先生が同席しています。Cさんは、研修のため参加していたセラピストです。

1　初回のセッション場面から

開始前に、師岡先生から注意がありました。

「今度の人はまったく新しい人で小学校の人。過緊張の人なので、あまり見ない、自然にしている、こちらが緊張しない、迷っちゃだめですよ」

①　クライエントとセラピストの出逢いの場面

～師岡先生と話しながら、クライエントKくん（小学2年生男子）が入室する。

師岡：ああそう　この先生はね　C先生　ぼくは名前なんて言うんだ

K　：ぼくは○○○○です

C　：こんにちは

K　：○○○○です

小山：Kくんですか　私はおやまみほです

K　：よろしくお願いします

小山：お願いします

師岡：はい　そういうわけですね　Kくんが音出しますと　この先生方は音のマジシャン　不思議に音をぱっと作っちゃう　楽しくなる

K　：これできるの？

師岡：ああ　これからやってみようか
～Kくんは、バスドラムを選ぶ。
師岡：どーんって
～一打、強く叩く。次の一打はさらに強い。
師岡：片方でもいいし　両方でもいいし　お好きに
～Kくんはドンドンドンドンと続けて打っていく（一打＝100）。ピアノを弾くと、Cdur（ハ長調）の前進性がある楽しい曲調になってくる。緊張感があるようなので、声を出したくなり『Kくん、一緒にやろう～♪』と歌いかけながら声を出す。即興的に歌詞をつけながら歌う。テンポが遅くなる（一打＝60)。Kくんの一打が安定してきたようなので、ピアノの音を小さくし、旋律を添える感じにする。他のセラピストが鈴やブーガラブーでそれぞれKくんに答えていく感じ。『犬のおまわりさん』を弾く。（何か道に迷っている自分、というのを感じての選曲）ピアノを弾きやめると終わる。〔演奏時間：５分〕
師岡：ほお　どうでした？　たのしかった？　（Kくん　うなずく）　学校と違うもんね　自由にやっていいからね　さぁて今度は　そうね　今度はどれだろう
～Kくんは、タンバリンを選ぶ。
師岡：今度はタンバリン　いつも音楽でやってるの
～タンバリンを打ち始める。ピアノで和音をつける。〔演奏時間：２分30秒〕
師岡：はーい　できた　声が出てきたね　おもしろいね　うん
K　：ピアノで校歌　うたいたい
師岡：ピアノで校歌　どんな歌　教えてくれる
～Kくんが歌い始める。
師岡：よしよし　じゃあタンバリンをこうやって　ピアノの脇でやるといいかな
K　：うん
師岡：ピアノの音をききながら　すごいね　声が出ちゃったね　じゃあ校歌です
小山：先生わからないから　教えてね
～Kくんが歌い始める。セラピストたちが一緒に口ずさみ、ピアノで音程に合わせて音を出す。途中で止まってしまうが、（小山が）ピアノで音を弾きながら口ずさむと、その続きを歌い始める。最後まで歌いきる。

〔演奏時間：4分〕

②　親にセラピィの紹介をする場面

～師岡先生が、別室で待っていた母親を連れて、入室する。

師岡：イントロやってくれる？

～Kくんが歌い始める。ピアノでの伴奏も雰囲気を出せるようになり、マリンバも入り、Kくんの歌声もしっかりしてくる。

師岡：忘れたら　ラ～ラ～で

～「なんだっけ？」と言っていたKくんが、次の歌詞を思い出し歌う。

師岡：ああ　いいね　じゃあもう一回やってみよう

～勢いがでてきたようなので、付点の伴奏にする。Kくんは歌い出す。

～師岡先生がKくんの手をとって、ピアノの鍵盤の高音域で音を出し、ピアノで一緒に即興演奏となる。8小節分くらい演奏し、終わる。

〔演奏時間：7分間〕

師岡：じゃあ今度はお兄ちゃんとお母さんと一緒にやろう　（母親へ）お兄ちゃん連れてきてください　家族でやります

～Kくんが「あと5、6分だよー」と家族を呼びに退室する。

師岡：じゃあみんなでやりましょう　（セラピストたちへ）緊張しちゃだめよ、みんなで

～Kくんへ話しかける。

師岡：何でやりますか　これでやりますか

K　：おおだいこ

師岡：じゃあおおだいこ　みんなでやって　終わりにしましょう

～Kくんが家族に楽器の叩き方、「これはこうするんだよ」というようなことを伝えており、すっかり自分の場になっている感じ。

〔セッション時間合計：25分間〕

〔初回の印象〕 小山の記録から

こちらに合わせようとする気持ちが強く、いつまでも合わせてくる。けれど、本人はたぶん休憩したいだろうと感じるときもある。意欲的なのは、認めてもらいたいような気持ちの何かを含んでいる。K くんにとっての本当の内的意欲、自分の立ち位置をみつけられたらいいなと思う。演奏としてはよかった（活発化した）ようだけれど、一抹の不安感が残るような名残。

〔師岡の所見〕

初回でのクライエントの特色としては、過剰適応である。この過剰適応感が、日常の校内活動では心理的な緊張を生むことになる。この過剰適応に関しては、セラピストが感じとったその人の特徴なので、同伴の保護者に伝えることはしない。セラピストとしては、この過剰適応もこの子の表現の特色として受けとめ、演奏活動を単純、且つ明瞭化すると同時に、沈静化へのプロセスを生み出すことも大切である。

つまり、クライエントの過剰適応にセラピストが対応する場合、この過剰感にではなく、テンポをよりゆっくりに、同時に感覚的に沈静化するようなメロディーで対応することが大切であることを感じとった場面である。

クライエントの過緊張がやわらぐと、自然に演奏時間も、また演奏の中身も変化して、同時に演奏時間もセラピストが設定した時間に沿うようになります。

2　家族のセッション場面への参加について

以上は、初回の場面構成も含めたセッション場面の紹介です。私たちは、家族で来所した場合には、家族全員が初回のセッションの場に参加していただくことを前提としています。

ひとつは、セラピィという場面が、楽しい場であると同時に、ある緊張感を伴った成長の場面であることを、説明と同時に感じとってもらうことを大切にしています。逐語記録からは雰囲気を感じとれないのですが、会話から、その場面の緊張感と同時に、楽しさを感じとってほしいと思います。

3　第3回目の場面

師岡：今日は30分音楽で

K　：たいこ　すごいの

師岡：じゃあ　たいこやりますか

K　：よし

～Kくんは、思い切り叩いている。ピアノではそれを受けて、Cのコードで上がっていく音型になる。Kくんが一定のリズムでの叩き方になる。ゆったりした音色に感じ、『めだかの学校』を弾く。師岡先生に「即興のほうがいい」と言われて変える（一打＝120）。安定感が響いてくる。ピアノでは、和音で弾き継いでいく感じになる。セラピスト側の演奏はゆったりだが、Kくんは途中でドドドン、と叩き方を変える。師岡先生が手拍子をする。もっと活発なのかと思い、ピアノでも跳ねる曲調になる。一旦終わる。

〔演奏時間：4分16分〕

師岡：僕が本当に叩きたかった太鼓ってどんな太鼓の音？

K　：大太鼓で

師岡：大太鼓で僕が叩きたかったのは　ゆっくりなの　はやいの　大きいの？

K　：……

師岡：大きいのだよな　たぶんな　それでやって　僕が本当にやりたい音出そう

～ドン、ドン、と打っている。

師岡：そのくらいでいいの？　もう少しやりたいようにやって

～ドンドンドドドン、と拍子感が出て叩いている。師岡先生が床（木材）をマレットで打つ。セラピストたちと即興演奏をする。

〔演奏時間：12分間〕

師岡：よーし　よしよし　さあて　今日の僕はおもしろいねえ　この頃僕少し強くなったかな　どういうところで強くなった感じ？

K　：手が

師岡：手がどうしたの？　手が強くなった？

K　：(＊録音不明瞭)
師岡：遊んでるとき　体とか手が疲れなくなった　そう　今まで疲れちゃったけど　この頃疲れないの　じゃあ学校もだんだん好きになってきた？
K　：2学期で
師岡：2学期で　うん　学校へ行きたくないなぁという気持ちは　どう？
K　：なくなっちゃった
師岡：なくなっちゃった　うーん

～中略～

師岡：Kくんの音聴いてるとねぇ　最近僕は落ち着いてきたよ　だんだん強くなって落ち着いてきたんだよって聞こえてくるんだけど　そんなふうでいいの？
K　：(うなずく)
師岡：どういうふうなところで落ち着いてきたの？
K　：(シンバルを叩く)
師岡：勉強もこんなふうに落ち着いてできるの？
K　：音楽で勉強してる
師岡：ああ　音楽で勉強してる感じだったの　よその勉強もできるようになったの　だんだん
K　：(うなずきつつ、シンバルを叩く)
師岡：ふうーん
～Kくんはシンバルで音を出し、師岡先生がバスドラムを叩く。“強くなった、進みたくなった”というような思いが伝わってきて、ピアニカ（演奏：小山）での音が力強くなると同時に、Kくんの音も力強くなっていき、時折アクセントがつく。

この回では約5分ごとに、会話－演奏という具合に展開しました。会話での対面時間が増えたところから、過緊張が軽減し、言語化できる落ち着きが出てきたクライエントの変化が感じとれます。と同時に、その場での内面の流れが明瞭になり、いまの自分を演奏表現に生かすことができるようになっています。

約5分ごとという時間の区切りは、クライエントの変化に応じたセラピストのかかわりであり、場面の構成でもあります。

4　第4回目の場面――クライエントとの会話――

～開始前に師岡先生から「緊張が高いので、自然にしていてください」と言われる。

Kくんは師岡先生と話しながら入室し、バスドラムでの即興演奏を終える。

〔演奏時間：7分25秒〕

～中略～

師岡：Kくんは何年生でした？

K　：2年生

師岡：2年生　そう　今一緒にたいこ叩いたんだよね　楽しかった？

K　：楽しかった（うん）

師岡：Kくん　ここへ来てたいこ叩いたり先生がたの音楽聴いていると　どんな気持ちになるの

K　：いい気持ち

師岡：いい気持ちになるの　笑　いい気持ちってどんなふうにとったらいいんだろうな　いい気持ちって楽しいなぁとか　元気が出るとか

K　：楽しい

師岡：楽しい　うん　元気も出る？　……元気になる　たとえばどういうふうに元気になる　どんなふうに今変わってきたの

K　：いっぱい元気になる

～中略～

師岡：Kくんは　学校行くときになんとなく行くの嫌になっちゃうとか

K　：行くの嫌になっちゃう

師岡：そういうことあったんだよね　ここへ来る前ね　でなんかここへ来たらそういうこと変わってきたっていうお話もあるんだけども　それはどういうことなんでしょうね　やっぱり元気になっちゃったととればいいんですか

K　：元気になっちゃった

師岡：元気になっちゃったの　ふうーん　音楽が元気にしたの　それともお話することが元気に

K　：音楽

師岡：音楽が元気にしてるの　ああそうか　音楽が元気にしたのか　よしわかった　Kくんには音楽が元気にするような力をもってるんだ　ふうーん　今気になるのは何か気になってるの

K　：何もない

師岡：もう気になるものなくなってきたの　ふうーん　集中することができるんですか　一生懸命　……できる　ああ　そこちょっと先生確かめたかったのね　あとはもっと自由な会話しましょう

〔対話時間：10分16秒〕

セラピストは、クライエントが何を経験して、それがどういう自分（クライエント自身）に役立つか、即ち負のものが消えて、プラスが増大することを援助します。具体的にこの場面でいうと、過剰適応からくる疲労感がとれて、その場その時に過剰な反応をせずに、したがって疲労感なく過ごせるようになることを目指して援助していることの影響が、どの程度クライエントに伝わっているかを確かめた場面です。

重要なのは、話合いでは、このようなクライエント自身が現在の気持ちを的確に表現できるような場をつくることです。

5　6か月経過後のセッションで

師岡：Kくんはこの頃自分をどう感じてるの　変わってきたなぁとか　強くなってきたなぁとか

K　：変わってきた

師岡：変わってきたんだ　どこが
K　：頭（と押さえる）
師岡：頭？　ふうーん　考えるの

『頭がよくなってきている』という表現は、自分の全体的な変化を指している、ととります。頭は自分の司令塔だから、改善されて、行動も感情も含めてよくなった、と了解できます。

即ち、内部の感情面、表現としての行動、場面での適応的な行動を起こすための思考力等々の変化を、実感的に表現していることばとしてセラピスト（師岡）は受けとめました。

6　セラピストは、クライエントに生かされている

Kくんとのセラピィの展開場面を、初回から6か月目まで（一部抜粋）を紹介しました。Kくんの例からもわかるように音楽療法下でのクライエントの展開は、明瞭であり、促進的であり、情動を伴った実践化であることが理解していただけたら、私たちにとっては大きなよろこびです。

セラピィの実践は、かなり緊張感のある充実感が底流にあって、クライエント（この場合はKくん）のような表現によって、私たちセラピストは、励まされながら日々の実践に向かう意欲のエネルギーを得ています。セラピストは、クライエントの前進するエネルギー（成長力）、その場その場の展開に応じた実感表現という栄養なしには、セラピストもエネルギー切れしてしまうのは事実でしょう。その意味で、クライエントたちに生かされているとも言えます。

7　後記

本ケースの紹介は、クライエント（Kくん）の展開を主に述べてきましたが、両親の変化も大きいのです。具体的に対談の記録を紹介することはしませんが、父母共に、自分たちの過剰接近と、“～しなさい”“～すべき”“～しないとだめ”というような義務づける表現が、日常の会話のすべてであった、という反省が中心でした。

日本における家庭内の子どもの教育では、親はすべきことを通して子どもに

対面する傾向が顕著です。この子どもの日常生活のつまずきから起こる身体痛、もしくは身体不良や不登校等を通して親たちは、義務だからやるべきだという発想では子どもは伸びないし、挫折してしまう場面も多いことを知るのです。そしてセラピストとクライエント（子ども）との実際場面に触れて、同時に療法下における我が子の前進をみて、以下のようなことを学ぶのです。

義務、すべき、という発想ではなく、協力する、助ける、ということの重要さ。“すべき”ではなく、（達成すると気持ちがいいという）達成感への援助。それから、“早く”ではなく、自らの力で、というようなところに、いずれの親たちも思い至るのです。人は、“すべき”という義務感だけではなく、“できる”という充実感を重視することが大事という、親としての教育の力点の発見は、私たちセラピストとの交流関係の中で得られる大きな変化であり、親たちにとっても大きな財産となることを実感させられます。

8　親へのアプローチ——子どもの問題に悩む——

①　子どもの問題

イ）発達前期　１～７歳まで

幼児期（１～４、５歳まで）の子どもの問題性は、親子（母子）関係の中に子どもの問題を生み出している中核があります。その意味では、子どもの問題即、母親（父親も含む）の子どもへの配慮、及び身体的接触を含む問題といえます。

過剰な接触、または親子の交流体験の問題性が、子どもの問題と密接なつながりがあることを否定できません。その意味では子の問題即、親の問題なのです。具体的に、親の不安からくる過剰接近（ことばの多さも含め）か、無視（関心を向けない）です。

けれど子どもの成長に伴い、子ども自身の主として内的（感情、情動性）の問題が、適応の問題（不適応）として表面化してくるのです。

子どもの不適応の問題の中核は、情動、もしくは情緒的なところにある密な問題性です。具体的には、ある種の自己主張が、過剰なまでの萎縮感の具体化された表現なのです。

ロ）親の子どもへのアプローチ

親は許容的な（感情的に）態度で、まず子どもに接することです。許容的にというのは「否定しない」ということで、「認める」ということではありません。そして子どもの言い分（子どもの正当性）を聞きつつ、しかしそこに潜む問題性――それは社会的に不当であるという親の見方ではない――、子どもの自己主張そのものに含まれる過剰性――それは子ども自身の未熟性、不完全性――です。しかし本人は、その未熟性にこだわり、自分にとっては“かっこ良い”と思いこんでいます。そこに着目しつつ、しかし直接否定せず、適応的な主張にはどう変えたらよいかを考えられるように話し合うことです。

適応的主張とは、親が認められるという意味ではありません。本人にとって、バランスのとれた「美しさ」を共々に考えることです。

他方、子どもにとって学校への適応とは、学力と友人関係の二面があることを忘れてはなりません。学業の不足感、友人関係の不満感、この二面は重要です。

学業の問題は、親子での協働学習を提唱したいと思います。子どもの学習に親も同席し、一緒にするのです。それは親が教科書を読み、子どもが聞き、例題を共に考えるのです。

親が教えるのではありません。同席して、時間を共に過ごすのです。同席しているだけで、“あれやれ、これをしろ”等のことばは禁句であることを胸に刻んでいることです。最低60～90分です。

ハ）友人関係の問題への対応

親は「良い悪い」で子どもの言い分を聴くのではありません。

“そう感じる”“そう思う”“そのようなことがあるんだ”と聴くのです。そして「あなた自身の本当の気持ちは」と尋ねるのです。そして「良い」「悪い」は子ども自身が思うので、そのところには接近しません。子どもの判断重視の姿勢を一貫することです。

《実践例２》 クライエントを迎えるとき
——親との交流——

師岡宏之

1　子どもの適応重視という課題から離れてみる

セラピィにおいては、子どもであれば親の、夫婦であればパートナーのどちらかの考え方とか対応の仕方を含めた、全体的な視点が必要と考えられます。その場合私たちは、当事者の見解に対して対応するのでなく、もっと広く、現実を生きるという、現実性への対応が求められていると感じます。

多くの問題は、現実に適応するという適応の問題と、お互いに理解し合うという相互理解の立場から、相手をどう理解するかという問題と、２つに大別されます。具体的に言いますと、今は適応しているか、していないかという問題性と、それがどうして起こるかという問題性と、２つあります。ですがこれは側面の二面性であって、本質的なところでは、生きるに直結する問題性です。

私（師岡）は、原因の追求の問題と、課題をもちながら生きるという問題は、同一の問題ととらえています。人は適応して生きるという適応性を重視していますが、私はこの適応性を重視している姿勢、態度にこそ問題があるとみています。例えば、ことばの発達が遅れるとか、機能的異常で現実的に対応ができないとかはさまざまな問題ですが、常識からみたこの世の生き方に適応することが肯定されていて、そうではない発想や動き方が否定されているという、その常識からまず解放されることがセラピィにおいては大切です。

現実適応の常識を超えること、個々人の内的受容を重視すること、これはひとつの精神的課題です。自由に生きるとは、この現実がもつ適応への拘束性から自由になることです。常識的な、また極めて現実的なある拘束力をもつ規範から、もっと解放されて、その人個人のもつ個有な対応反応（生きる姿）を肯定的に認められるようになりたいものです。

ある母親は子どもの知能検査の結果で、特別支援教育の範疇に入ると言われて、特別支援教育への道を選びました。それが絶対に正しいと言えるでしょうか。特別支援教育の場の人間関係と、健常児と言われる子どもたちとの人間関係の違いは、誰がみても明らかです。あなたのお子さんは知能指数が低いから、その低い人たちの集まりの中で学校生活を送りなさい、という適応的助言は本当に正しいのでしょうか。人は現実に即した、現実の人間関係の中で生きるという自由が保障されていないのでしょうか。

一人ひとりの保護者が考えてほしい問題点です。

2　本質的な問題

両親に会う時は、現状の問題点に関心を向けずに、親が述べるすべての表現を、現在の気持ちとしてありのままに受けとめることが大切だと認めています。子どもの問題と思われる行動について、親が言いたい問題点にだけとらわれないことが大切です。

私は、子どもの問題にとらわれている両親の話を聞く時、その問題を解く資料を得ようとする気持ちはありません。親の実感経験に触れることに焦点を当てています。

親が述べる成育歴とか、環境との対応問題とか、それは問題の核心ではなくて、周辺的なことです。核心は、クライエント本人の心理的耐性が弱い、ということです。私たちセラピストに課せられている課題は、この弱さをどう育てていくかということです。よって親からの、いろいろな問題に対する本人の対応の仕方についてのことは、あまり参考にはならないのです。

セラピストとして大切なことは、クライエント本人に直接向かい合うことです。ここで重視することは、子どもの心理的耐性の低下であり、それが本質的な問題です。

親が問題にしている事柄の背景を説明したり、現状の脱出の方向を述べたりするのは、余分なことであると私は考えています。大切なのは、今のその人の悩みの中心を確実に受けとめ、傾聴することです。

そこから、問題解決に沿うような助言は致しません。そういうことは、親自らが発見することが、大切なことです。

以下は、私と親との対談の例です。

Ｄさん（30代男性、自閉症）の母親と師岡先生の面談

逐語より一部抜粋

～こんにちは、と挨拶する～

師岡：集中力も少し　伸びてきてますねぇ

母　：ありがとうございます　なんかすごく　こっち（隣の部屋）で聴いててても　楽しいから（そうそう）みんなの輪に入ってるっていうか　すごい伝わってきて（うん）楽しいだろうなと思って

～腰かける～

(1)　自分が余裕を失くしてた――なんとかしなきゃばっかり――

師岡：何か質問ありますか

母　：質問というよりは　前回こちらでお話させていただいてから　自分自身がちょっと

師岡：お母さんご自身が

母　：自分自身のことなんですけど（うん）今までは　いろんなことを　子どもがやることに対して　なんとかしなきゃ　なんとかしなきゃばっかりが強くなっちゃってて　自分のなかの余裕　今までの自分というのが失くしてたっていうか

師岡：そうです　親が子どもに対して　もっとなんとかして力引き出そうとかなんとかしてこうしよう　なんとかしてこうしようって　伝わってくるんです　子どもにね　思ってること（ああ）　ましてや身近にね　母子関係ですから　他人よりは強く伝わってしまいますね（はい）　そうすると圧迫されるんですよ（はい）

母　：子どももそういう状況では　とてもじゃないけど　いい方向には　子どもだって苦しいだろうし（うん）私もいつの間にか　自分らしさっていうか　前はこんなじゃなかったなっていうか　ちょっと思うこともあって（うん　うん）これは違う（うん）って

師岡：気づきですね

母　：思って（うん）なんかそれよりも　もっと

⑵　豊かに生きる

師岡：お母さんがお母さんとして　豊かに生きればいいんですよ

母　：ああ　そうですねぇ

師岡：自分として豊かに生きようって（はい）同じ人生だからね

母　：そうですよね

師岡：自分も豊かに生きる（はい）この子もこの子らしく　豊かに生きてほしい（はい）でいいんですね（はい）人からいい子って見られる枠に入れる必要ないんです（ええ）うん（はい）

母　：そうですよね（うん）そう思うことが　いい方向に向くっていうか

師岡：ああ　それはとてもすばらしい気づきですよ

母　：ありがとうございます　それで　ふと思ったことが（うん）前回は子どもが　何かやるんじゃないかって（うん）見送ったあとも　はらはら（うん）してたけど　私もしかしたら　あ歩いていったなでもなんでもいいんですけど　ゆったりと構えて見てる自分に　ちょっと気づいたことがあって　私の気持ちもそうなんですけど　子どもももしかしたら私が変わって　空気が変わった

師岡：同感

母　：全部自然な流れでそうなったのかなと思って　はい　なのでこれからは気持ちをあらためて　もっとこう　先生が言って下さったように豊かに

⑶　哀しみ

師岡：ご自身がね（はい）　楽しんでというのはちょっと（はい）　よく使われることばなんですよね（はい）楽しんで生きるってね　人生って苦しいものなんですよ（ええ　ええ）そんな楽しんでって　ゆとりないんですね（はい）　だから苦しいんだけど　そこから自分が　何か豊かなものを吸収したらいいなぁとか（はあ）美しいものに気づいたらいいかなぁとかね（はい）　かなしみは気づかなくてもかなしめるんですが（ええ　ええ）豊かなものに気づいていくって（はい）　そうすると自分が自然

　　とやわらかくなる（はい　はい）やわらかさがね　大事なんです　一番大事なのはやわらかさ（はい）その次はゆとりがある　せかせかしないゆとり
母　：（ノートをとる）もう絶対忘れたくないので　すみません
師岡：やわらかさ　ゆとり（ゆとり）　それからね　かなしみっていうんだけど　涙の悲しいじゃなくて　哀感の哀っていう字（はい　はい）僕はこの三つだと思う　やっぱり人生って哀しい　涙が出る悲しさじゃないんですよ（はい）うん　さびしいと　かなしいが交ざったような感じね（はい）

3　「生きる」に立ち向かう

障害をもつ子の親は、その障害のことに関心が向きがちですが、セラピストは人間全体、生きること全体への関心で対応します。上述の例では親が『私が変わると空気が変わる』と述べていますが、重要なポイントはセラピストが「一番大事なのは、やわらかさ、その次はせかせかしないゆとり」と述べ、それを受けて母親が『絶対忘れたくないので……』とメモをとるところです。

このような会話にみる如く、セラピストは症状や現在の問題点にとらわれず、「生きる」という営み全体に関心を向けるように対応しています。母親が、『気持ちをあらためて、先生が言って下さったようにもっと豊かに』と言う如く、「豊かさ」ということばで言っていることは、症状とか問題点にとらわれず、という姿勢を指します。

私の今までの経験から言いますと、親は子どもの症状とか問題点のみに目を向けて、その改善をという気持ちが強いように思います。問題点さえ改善できれば何かが変わる、というこの発想は間違いではありませんが、日々の生活実践の中でとらえると、その問題点ではない、いろいろなことが起こっているのが事実です。

上述の例で私との対談から親が気づいたことは、「何が目の前に繰り広げられても動揺しないという、心構えの形成が第一である」と明瞭に述べています。これは私たちセラピストにも大事であり、セラピストがクライエントの問題性にのみ関心がとらわれていると、大きな前進は見られません。問題性の背景にあるもの、それとのかかわりこそセラピストが最も重視しなければならない点です。

問題性を生み出す背後にあるものとは、私たちの常識的な理解力の限界ではないでしょうか。私たちの常識を超える出来事があると、それについて、なぜ？　どうして？　に始まって、その解釈に関心が向いてしまいますが、問題点は解決を急ぐ問題性にあるのではなくて、私たちが腰を据えて、気持ちを集中して、一生の課題として立ち向かう「生きる」そのものという課題なのです。

私の考え方は、すべてを受け容れる、すべてを解釈しないでそのまま認める、そして、それでもいい、と問題性自体を受けとめることからスタートします。その問題性が、さまざまな課題性が、生きるとは何か、という大切な課題に大きな光を与えてくれるでしょう。そういう生き方を選択してほしいと思います。

母親との対談場面に同席して（小山）

師岡先生が母親に伝えている心の姿勢は、すべての人に、この私も含めて相通じるものです。生きていくなかで、或いはセラピィに参加するなかで、自分の今の不十分さや欠点、問題点に多々直面しますが、そこに気持ちを固定させないことが即ち「やわらかさ」であると学びました。

「生きる」に立ち向かう姿勢は、この私の、ものの観方、過ごし方、人との対面姿勢等々すべてにあらわれます。そのような意味で、自身の心の姿勢の在りようが、対話を通して透けてみえるような時間でもあります。セラピィとは人の本質に、そして生きるということに自分を通して、深くかかわっていく営みでもあると感じます。

《実践例３》　心理治療としての音楽療法
――うつ病と診断されたクライエントとの音楽療法の経験から――

師岡宏之

以下は、『the ミュージックセラピー vol.04』（音楽之友社、2004 年、p.47-49）に発表したものですが、私（師岡）の音楽療法に関する基本を明確にしています。またクライエントのその時その場での展開を、忠実に記述しているものと認めています（転載にあたっては、本書への体裁統一を図りましたが、内容については改稿していません）。

多くの皆様が本稿を読むことで、実践の意味を再吟味されることを期待しています。その手がかりになり得れば、このうえない喜びです。

（一）

うつ病は、脳精神医学では大脳辺縁系の障害を仮定している。大脳辺縁系は、感情を生むところであることはよく知られている。感情ということばは、「感情的」という表現を連想して理性的、合理的な思考と対比してとらえられているが、不安になって身を守ったり、沈んで気持ちを整えたりして外部環境に対応したり、内面の状態を整えたりする重要なはたらきであることは意外と忘れられている。したがって、このはたらきに障害があると、生活環境とのバランスをとるエネルギーが失調する状態、いわゆるうつ症状が出てくる。

臨床医学では、うつ病は気分障害の範疇でとらえられている。気分が中心的な問題となる症状というみかたである。気分障害は、うつ病性障害と双極性障害（躁状態を伴う場合）とに大別される。具体的な症状例は以下のようなものである。

躁うつ病の薬理・生化学的研究懇話会が編集した『躁うつ病の薬理生化学』（金剛出版、1992年）には、うつ病の病態改善に関して次のような記述がある。「神経科学や分子生物学の進歩に基づくより確かな知見が積み重ねられるなら

うつ症状	躁症状
・身体の不調、痛み （腹痛・頭痛・肩こり・イライラ感） ・身体の動きが遅い、声が小さい ・興味の減少 ・食欲の減退 ・睡眠障害（早朝覚醒） ・気力の減退 ・思考、集中力の減退 ・自殺念慮	・自尊心の肥大 ・多弁 ・目的志向性の活動への熱中 ・快活動への熱中 ＊熱中とは、コントロールができない状態 ・睡眠欲求の減少

ば、うつ病の病態も解明され、原因に直接作用し得る合理的薬物療法が確立される可能性が高くなると期待される」(同書30ページより引用)。

大多数の精神科医は、うつ病の病状に作用し得る合理的な薬物療法に関する科学的知見を共有し、精度の高い薬物治療(精神療法的配慮も加えて)を行い、医療効果を実現している。

(二)

他方、音楽療法のうつ病患者の臨床の現状では、医師たちが共有しているような科学的知見に相当する臨床実績を提示するまでには至っていない。ましてや音楽の作用が、現代の脳科学が明らかにしている病理に対する薬物の薬理作用のように、明瞭なはたらきとして実証されたという臨床報告がされているわけでもない。したがって、脳内伝達物質のバランスを改善するというような文脈で、音楽療法を実施することは不可能なことである。

すると――精神科医療の急性期の薬物医療が充実するに従って――社会適応の訓練、生活面のケアの課題が重視され、福祉の視点を持った医療という考え方が医療の現場に強化される。この視点から音楽療法が期待される。

この考え方を裏返せば、音楽療法は症状の改善、もしくは症状の原因に直接はたらく作用が科学的に証明されないから、その意味では直接医療の枠組みには入れられないので、医療の他の柱である社会的、心理的な枠組みの中に組み入れていくという発想である。音楽の効用は文献的にも、経験的にも認められてはいるが、「科学的に証明された効果ではない」ということで、既存の医療の枠組みの中に秩序的に組み入れられないのが現状である。

とはいえ、音楽療法は病院をはじめ、他の福祉施設、養護学校での障害児へのアプローチ等、私の個人的な印象では、実践者も多く、かなり高いレベルの臨床実践の報告も目立ちはじめている。私は日本音楽療法学会がさまざま分野での臨床の動向を把握し、吟味検討を加え公開することを期待している。しかし精神科領域と分類される分野での臨床は、実践者も少なく、実践原理においても、借り物のレベルのように思えるのである。ただし、この表現は決して軽視してのものでなく、多くの音楽療法家の共有に足る、精密な知見を提示していかなくてはという思いを述べたのであるが。

(三)

私は、音楽療法を症状の改善、もしくは寛解を目的に実践してはいない。特に、うつ病と診断されて来所するクライエントに、現状の脳科学が症状の発症メカニズムに於いて明らかにした脳内伝達物質の改善といった文脈で音楽療法を実施することは、現段階では不可能なことである。といって、治療環境を整えるための音楽療法という発想もない。社会適応のための訓練でもない。決してこの分野の重要性と必要性を否定するものではないが、音楽療法は心理治療として実践されることが望ましいと思うのである。

それは臨床医学的な枠組みを超えて、治療の概念を明らかにすることである。心理治療ということばの中心概念は、感ずる自分、観る自分、意識する自分、いわゆる主体としての自分を、セラピスト、クライエントの二者関係の相互作用によって、拡大、深化させて、新しい意味を発見していく過程である。

新しく気づく、新鮮な自分を感ずる、こんな自分がいるなんて驚いている、というような自覚体験は、主体としての自分に覚醒的な変化がおこったことで生まれる、認知領域の変化である。音楽療法は主体の覚醒を音楽体験――我々はセラピスト、クライエントによる臨床的即興演奏を行っている――によって実現しようとするのである。

(四)

以下のセッションに於いて、クライエントが明瞭に自覚し、表現したことは2つである。

ひとつは、クライエントは音楽による相互交流を実感したことである。

他のひとつは、なめらかに（自分の内面を触発されながら）自らを音楽として表現（相互影響性を体現）することができたことである。

私は、これらの体験はクライエントの感情経験の成長（情操の発動）と認めている。

1　音楽療法は、心の交流である

①　クライエントOさんの体験

以下、対談はすべて逐語記録より抜粋。番号は、各人の言語表現の通し番号である。

師岡1：15分から20分の間にしましょう

O1　：ああ　そうですね

O2　：……今日は　マリンバとですね　それからシンバルとウィンドチャイムを演奏したんですけれども（はい）……一番印象的だったのはマリンバを演奏してたときの後半ですね　少しゆっくり（うん）マリンバを叩きましたら（うん）ピアノの音がですね　非常になんて言いますか　広がりをもって　私を包み込むような音がきこえてきまして（はあ）非常になんか気持ちが　安定したといいましょうか（うん）……心地良いとか（うん）安定してとか（うん）いい気分とかそういう表現があてはまるような　非常に　いい感じで演奏できたということがまず印象的でした

師岡2：ミュージックセラピストの音楽に自分が　ただ今言語化できたような影響を受けた（はい）はい　安定といいますか

O3　：……あの　安定から　さらに言えば　もう一歩進んで　楽しいというよりも　むしろ心地良いといいましょうか（うん）そういう気持ちが強かったですねぇ

師岡3：一歩先に気持ちが流れるような感じですね

O4　：そうですね　安定からもちょっと表現　的確な言葉が浮かばないんですけども　安定から一歩先に流れるような感じですね

師岡4：はい　はい　音楽表現の点から言えば　より充実した気持ちになってゆくということにつながってくるんでしょうと　おききしてましたけど

O5　：そうですね　はい（うん）その両方なんですけども　特に　後者のほうが非常に強かったですね（うん）

O6　：ですからなんか　そういうことが　ある意味での　セラピストとクライエントとの　心の交流のひとつではないのかなぁという感じを受けましたけども

師岡5 ：はい

②　セラピストの記録

読者のために、このセッションでピアノを担当した、ミュージックセラピスト小山美保さんの記録（一部抜粋）を紹介しておこう。
――私たちは隔週で月2回、1回のセッションの時間は20〜30分、即興演奏によって実施している。楽器や部屋の様子は『the ミュージックセラピー vol.03』（音楽之友社、2004年、p. 32）を参照。

〔演奏1〕　Oさん：マリンバ
0′00　明るさ、さわやかさを感じるマリンバの音色。
0′12　ピアノで入る。
0′50　間（1〜2秒の短いもの）をとる。
1′12　さらによく聴くための間（ワンフレーズ、1小節4拍分くらい）をとる。
1′33　間が入ったことにより、交互に浮き出るような形となる。お互いに相手を聴いていて影響を受ける。両者ともに、上下行のやりとりとなる。
2′07　音楽が個別のものでなく、全体としてまとまりを帯び、雰囲気が合ってきた。それがピアノのメロディーとなった。
2′47　Oさんの黒鍵演奏により、新たな展開の兆し。動き始めたOさんを聴く。再びピアノに間を入れる。
2′57　高島先生（楽譜①ではT先生と記載）のボンゴ参加。
3′10　ボンゴの援助を受け、ピアノは重音に。音域に幅が出る。
4′00　幅が出たことにより、強弱がつく。間もあり、メロディーも加わる。多彩さが出ることになり、自由感が広がる。即ち、クライエントセラピスト共々動きやすくなる。自分の中から新しい展開を生み出していこうとする、前向きの意欲を触発される。
4′50　一旦上りつめたことにより、下降、沈静に向かうピアノ。それに応じるかのように、Oさんの打ち方もゆっくりとなる。
5′05　Oさんのテンポが再び速くなる。しかしピアノはその変化に追従せず、それにより場に安定感が備わった。

楽譜①

♩＝77（6′29）『少しゆっくりマリンバ叩きましたら……ピアノの音が広がりをもって』

楽譜②

♩＝100（7′00）

『私を包み込むような音』

5′20　Oさんの演奏が歯切れよいものとなる。それに対するピアノは、抑えた重音。そうすることによって、Oさんの演奏がいっそう際立つ。呼吸が一緒である。一体感を感じつついる。

6′29　Oさんの演奏が、ゆったりとしたテンポ感になる。ピアノはおおらかな重音で応える。高島先生はシンバルで。ピアノの醸し出すどっしりとした安定感、シンバルの余韻ある広がりが、Oさんのゆったりさとしっくりかみ合う〔楽譜①②〕。

7′53　ピアノの静まりと同時に、Oさんのマリンバは徐々に速いテンポとなる。ピアノはアトランダムなアルペジオの形で、自由なテンポ感をもって、演奏していく。

8′18　今度はだんだんゆっくりになっていくマリンバ。

8′35　Oさんのマリンバ、終了。

8′40　ピアノ、終了。

時間の流れに沿って、メモ風に記述されたこの記録によれば、クライエントの即興によるマリンバの演奏は、約9分間続いた。セラピストに明瞭に自覚されていたことは、以下の5項目である。

(1)　クライエントを強く、はっきり感じようとしていること
(2)　他のセラピストの参加を、展開に生かそうとしていること
(3)　追従的な演奏でなく、セラピスト独自な表現を大切にしていること
(4)　クライエント、セラピストの二者関係から、新しい展開への意欲を感じとっていたこと
(5)　自由感、場の安定感、一体感を感じながらの演奏であったこと

特に(3)については、クライエントも次のように感じとり（O19の後半）、その意義を認めている。

③　セラピストの対応力

……沈黙13秒……

O19　：従来ですと　なんか私だけが自分で演奏して　それに対してミュージックセラピストの方が音を合わせてくれるとか　そういう関係そういう関係がどちらかというと多かったと　思うんですね　今日の場合には　最初から最後まで　お互いがお互いに合わせるんじゃなくて　ごく自然に　音が合ったというような感じを　もちましたね

師岡12：ああ　ごく自然に（ええ　そうですね）うん

……沈黙17秒……

O20　：ですから　今日のセッションは非常に　新鮮と言いましょうか　その交流というものが　実際に体験できたような感じをもちましたけれども

このクライエントの表現（O19の前半）「従来は、なんか私だけが自分で演奏して、それに対してミュージックセラピストが音を合わせてくれる」と述べているところは、ミュージックセラピストに課題を示唆している。

まずクライエントは、セラピスト、クライエント二者間の心理的な距離に、違和感を感じとっていたことである。それはセラピストの、クライエントを強く、はっきり感じようとする動機から生まれた距離ではあるが、私はここにセラピストの不安感を感じとる。同時に、クライエントを感ずるという時に、自分のイメージに同調させようとする、即ち聴音からイメージへ、というアプローチを感じとる。臨床的即興は、セラピストとクライエントが、音楽によってイメージを創り出し、それを共有することを最重視してはいない。音楽は意味づけという側面においては、あいまいなものである。意味として、より人間の全体性を支えるエネルギーとしてあるのではないだろうか。そのエネルギーがその人の生命力として「伝わっている」という関係性の共有にこそ、心理治療の成立基盤があるのではないだろうか。

浅いレベルでクライエントを受容する、或いはクライエントのムードに同調させる、クライエントをリードしない等々、臨床的配慮にしばられて、エネルギーを伴わない音楽を演奏しても、クライエントにはとどかないということをつきつけられているのである。

④　クライエントの感得力――セラピストの感じ応ずるということ――

O11　：……繰り返しになりますけども　私自身　包み込んでくれるような広がりのある音（うん）っていう音があり　非常に印象的ですね（はい）それは私の出す音とか　私が　少し速めのテンポで打ってたんですけども　少しテンポを遅めにしてみたら　なんかそういう音がピアノから出てきたということですから　ある意味では私の打つテンポが　少しそういう音を引き起こしたのかなっていうことも考えなくもないんですけども

このクライエントの体験的表現（O11）は興味深い。臨床的即興音楽の特性を示唆するものである。「ある意味では私の打つテンポが、少しそういう音（セラピストの）を引き起こしたのかなって」クライエントが「考えなくもない」は、セラピィ後のカウンセリングの場の表現であって、音楽と音楽をつなぎ、心と心の深まりの体感を表現したものである。

2　音楽は新鮮な感情体験である

①　クライエントＯさんの体験

O12　：……であのー　シンバルとウィンドチャイムを演奏したんですけれども　演奏し始めるとすぐにピアノの音が　ピアノ演奏してるセラピストの方が演奏し始めて　その音があの非常に　私の演奏をよりなめらかにしてくれるようなリズムのある音を出してくれたものですから　私も非常にゆったりと楽しく演奏できたということで　そのシンバルとウィンドチャイムでの演奏も　新鮮な気持ちで演奏できたというところなんですけれども

師岡6：ああ　はあ　……気持ちが　流れていくといいますか　自分の感情が音となって表現されていくといいますか　……詰まってない感じですね

O13　：そうですね　詰まってる感じは非常に　弱まってほとんどなくなってきている　まぁ緊張はなくはないんですけども　非常に　自由でなめらかな演奏ができたなと自分では思ってます

師岡8 ：両者関係がということなんですね

O14 ：そうですね

師岡6 ：はあ　はあ　自分ひとりだけの経験じゃない（はい）ミュージックセラピストと共に　という感じなんですね（ええ）なめらかに（そうですね）自由に（はい）

O16 ：それがミュージックセラピストの方の出すピアノの音が非常になめらかだったので（うん）私に似たような感じで演奏してる　しているのかなという思いはしてたんですけども（うん）演奏後の対談で　あのー　まぁそれに近いようなことを感じておられたということをおっしゃっていたものですから

師岡10：そこは確かめられた

O17 ：ええ　対談で　セラピストの方がそう言ってましたんで

師岡11：はい　相互関係として　とらえられているところが私としては　新鮮に響いてきますね

O18 ：ええ　私もその相互関係において非常に今日は新鮮な体験が　体験が味わえたなぁという感じがします

②　セラピストの記録

〔演奏２〕　Oさん：シンバル、ツリーチャイム

0′05　ピアノで入り、アトランダムな上行のアルペジオを弾く。Oさんのシンバルも強弱があり、心のおもむくまま揺れ動いているかのよう〔楽譜③④〕。

1′06　Oさんがツリーチャイムを加える。それを受け、ピアノは高音となり、中音部でメロディーを弾く。

1′35　中音部メロディーに応えるかのように、フレーズの切れ目でOさんのツリーチャイムが鳴らされる。お互いに聴き合って、呼応し合って、次なるものを表現していこうとする感じ。

1′45　音域を自由に行き来する。

1′50　ピアノ右手高音部D音とD音の１オクターヴのトリルにし、揺らめき

楽譜③
(0′05〜) O12『演奏し始めるとすぐに　ピアノの音が　セラピストの方が演奏し始めて……』

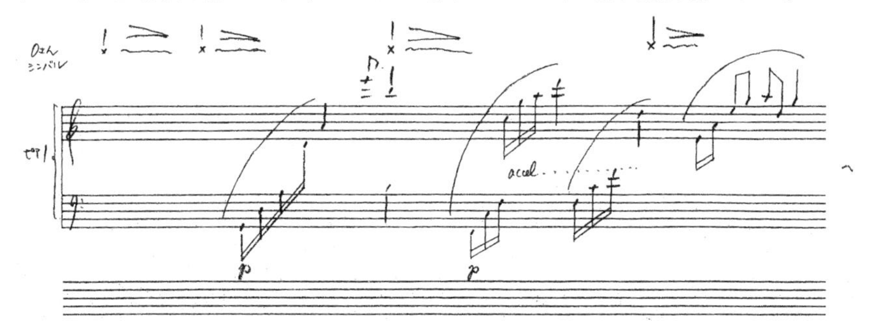

楽譜④
(0′25〜0′34)『その音が非常に　私の演奏をより　なめらかにしてくれるような　リズムのある音を出してくれたものですから　私も非常にゆったりと　楽しく演奏できた』

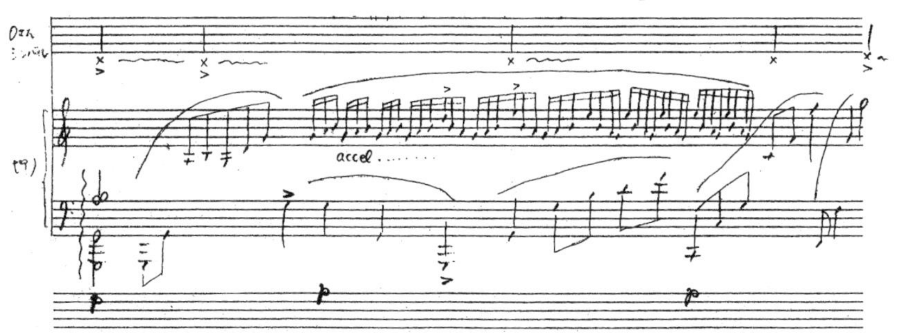

と自由さと明るさとを表現していく。

2′23　ツリーチャイム下降する。ピアノも下降する。シンバルを細かく叩かれる。少し沈静的。

2′50　O さんの演奏が多彩に、かつテンポ感をもって移っていく。シンバルを細かい連打のあと、余韻を結んでいくかのような長めの打ち方（♩♩♩♩）となる〔楽譜⑤〕。ツリーチャイムが上下する。ピアノは低音部で、下から上へとゆったりとしたアルペジオ。呼吸が静かに内部で脈打っているよう。

3′40　ピアノ再び D-D 音のトリル。

3′50　O さん、終了。

楽譜⑤
(2′50～)　O14『私とセラピストの方の演奏自体も　非常になめらかだった』

3′55　ピアノ、終了。

後半のシンバルとツリーチャイムの演奏は、セラピストの記録によれば3分55秒間で、新鮮な気持ちで即興演奏を楽しんだ、とクライエントは述べている。特にクライエントがO12で「私の演奏をなめらかにしてくれるようなリズムのある音を出してくれた」ので、「非常にゆったりと」演奏できた、とその根拠を明らかにしつつ、O14では「私とセラピストの方の演奏自体もなめらかだったなぁという感じ」と、その一体性を強調している。

即興演奏に於ける音楽と音楽のつながりによる「演奏がなめらか」は、感情経験の成長「新鮮な気持ち」(情操への発動) へ波及している。

③　感情経験の成長

音楽療法の記述からはそれるが、感情経験の成長ということについてふれておこう。

故遠藤勉先生は、カウンセラー、クライエントの両者に心理的交流が成立している時、クライエントには次のような過程が展開していくことを、自らの経験を要約して話されたことがある。それは精神的な働きが極めて弱い段階から、感情経験が成長し、洞察や創造性が発動する過程であるというのである。
具体的には７段階を示された。要約すると以下のようになる。

⑴　不安定状態
⑵　怖れ、不安劣視感情の軽減
⑶　自由感の増大
⑷　自発性の増大
⑸　感情経験の成長
⑹　洞察力が強く前面に出る
⑺　創造力が発揮

私は感情の成長、即ち情操の発動こそ、音楽療法の中核であると認めている。「治す」から「成長」へという、治療観の転換が大切である。

《実践例４》　クライエントの意味ある経験とは
――対談から明らかになったこと――

小山美保・師岡宏之

これはクライエントのそのものの声です。長年うつ症状に悩んできたクライエントが述べる音楽療法の実感であり、効果です。

クライエントＡさんは飲み込みの困難さ（嚥下障害）と、腰部の引っ張りがあり、症状名を明瞭に付記することは困難ですが、それらの身体症状は心理的な緊張からもたらされると仮定して、音楽療法を行いました。
音楽療法のスタイルは、演奏と歌唱です。即興演奏時にはクライエントはマリンバやバスドラムを、セラピストはエレクトーン（師岡）やピアノ（小山）で応じました。歌ったのは童謡や唱歌、演歌など数曲です。
私（師岡）の音楽療法の実践の仕方は、音楽療法を行ったあと日数をおいて、カウンセリングでクライエントの実感体験を傾聴します。音楽療法を行った直後と、数日経た経験とは差があります。数日過ぎると、直後には表現できなかったことが言語化できるようになります。そのようなことから、最近は、時間の間(ま)をおいています。

クライエントが音楽療法での効果を自覚するのは、直後と数日後ではその深みが異なります。それは生活者としての実感が含まれるからです。以下にその事実を、一例として紹介します。

(以下逐語記録の抜粋です。Aという表記は、クライエントです)。

Aさんとの対談

(1) **「体調がよくなってきた」**

師岡：おはようございます

A　：おはようございます

師岡：今8時40分ですね　はい　じゃ始めましょう

A　：あ　はい

……沈黙15秒……

A　：体調が　先週からよくなってきて　一週間ごとに少しずつよくなってきてるみたいな（うん　うん）うつのほうはほんとに　かなりよくなってきてまして（はい）疲労感もほとんどありませんし　普通に生活できます

師岡：うん　それはまず第一に　生活者として　大きな変化ですね（はい）はい

A　：飲み込みのほうもですね　朝のほうも（うん）比較的悪かったんですけど少しずつよくなってきて　特に水分が　スムーズに飲めるようになってきたんですね

師岡：何よりで

A　：はい　あとは足の引っ張りはですね（うん）右側の腰が引っ張られたんですけど（うん）以前は立ってるときにですね　左足に重心を置いていないといられなかったんですけど　今ときどき試しに　右側に重心を置いてみると　できる　立っていられるようになってきたんですね（はい）（ああ）普段はあまり実感してないんですけど　自分が気が付

かないところでよくなってきてるなぁっていう気がしてますね

師岡：はい　何よりですね

A　：ただ時々　ぐっと強い引っ張りがくるときがあるんですけど　そういうときはなるべく　先生から言われたように　なんでなんでというふうに追及しないようにして（うん）意識的にそれを　打ち消そうというふうにしてるんですけど（うん　うん）そうしてると　30分か1時間ぐらい経ちますとね　それが引っ張りが消えていくっていうようなことがわかりましたね

師岡：ああ　はい

……沈黙15秒……

A　：そういうことで　気分的にも非常に　先の見通しがみえてきましたんで気持ちも明るくなってきて（うん）いろいろなことは考えますけども（うん）見通しがでてきたなぁっていうのが実感ですね（はい　はい）

師岡：いろいろ考えるっていうのは　どういうことですか

A　：それはあの　たとえば自分の今後のこととかですね（うん）そういう独り暮らしでですね　私がいなくなったあとどうしようかとか（うん）そういうもろもろのことですねぇ（うん）そういうのが　体調がよくなってきたんで　考えて準備しておこうかなということですね（はいはい）

……沈黙10秒……

～中略～

(2)　音楽療法の効果について　「うつの症状が急激によくなってきた」

師岡：音楽療法とカウンセリングの併用で　それはよくなっていくだろうなと思いますが

A　：はい

師岡：うん

……沈黙20秒……

A　：音楽療法を加えたことによって　大きく変わってきたような気がするんですね（うん　うん）

師岡：具体的にはどのようなところでしょうか
Ａ　：体調がよくなったということですね
師岡：体調がよくなった（はい）　はい　はい
Ａ　：音楽療法を受けた日は　体調がずっとよくて　それが持続するようになったということですね（うん）
師岡：気になる症状が　弱まるっていうことなんですね
Ａ　：そうですね　特に音楽療法を受けた日は　疲れにくくなったんですね
師岡：ああ　疲労感
Ａ　：疲労感がなくなったんですね（ああ　はあはあ）　飲み込みとか足の引っ張りは　何日かたったあと　よくなってきたんですね（うん）　ちょっともう　いつやっていつよくなったかっていう日にちの関連性はわかりませんけれども（うん）　疲労感はなくなってきたんですね（はあ　はあはあ）　それが持続するようになって

～中略～

Ａ　：うつの症状が急激によくなってきたんですね（はい）　で飲み込みとか足の引っ張りは　最近ですね
師岡：ああ　改善
Ａ　：はい
師岡：最近（はい）自覚的によくなってきたなぁという感じ
Ａ　：はい
師岡：はい　はい
……沈黙10秒……
師岡：音楽療法を紹介した立場の者として　その作用が有益に働いたということで　私もうれしく思いますね

⑶　身体症状について　「(引っ張りが) 弱まってる」

Ａ　：一番引っ張りが強まるのはですね　こうやって座って椅子から立ち上がるときとか　正座してて立ち上がったときとか（うん）　そういうとき

がぐっと　引っ張りが強まるんですね（はい）で歩いてて　引っ張りが強まるってこともありますけれども　それは最近　あまりなくなりましたね

師岡：ああ　はあ

A　：意識してないときに　なんか弱まってるんじゃないかなと思うんですね

師岡：うん　そうでしょうね

A　：先日ちょっと歩いてて　弱まってるのを自覚できたときがあったんですけれども（うん）そのときは弱まった状態を自覚したまま（うん）20分ぐらい歩いてましたね

師岡：ああ　そうですか

A　：そういうときもありましたね（うん）

師岡：相当の　距離を歩いたようですね

A　：ええ

師岡：違和感なく歩けたようですね

A　：はい

師岡：うん

A　：まったくないってことはありませんけども（うん）

～中略～

⑷　音楽療法で自覚している影響

A　：はい（うん）まぁ私音楽療法などで　演奏したり歌ったり（うん）っていうこと　非常に役立ってるのかなっていう気がしますけどもね（はいはい）ああいうときはあまり原因を考えないで　たのしく　充実感を味わうということができてますので（うん）もっと大きな声で歌えればいいと思いますけれども（うん）なかなかむずかしいんですけれどもね

～中略～

師岡：聴く　演奏するっていうことよりも（はいはい）歌うっていうことの

　　　ほうがたのしいですか
A　：音楽療法の場面では　歌うのが精いっぱいで　たのしいっていう実感はなかなか味わえないんですけれども（うん）家でひとりで歌っているときは　たのしいっていうような感じが　ありますね
師岡：はあ　はあはあ　声を出して歌うっていうのは　意味が相当あると思いますけどね（はいはい）うん　即興に　演奏するっていうのも意味が深いかなと思うんですけれどもね
A　：CD とかの曲を聴くよりもですね（うん）やっぱり生のピアノの音のほうが　迫力が違いますね
師岡：ああ　なるほど　なるほど
A　：生のピアノの演奏のほうが　ずっと
師岡：自分の心に届くというか
A　：はい　効果が高いように思います（うん）
……沈黙 43 秒……
A　：音楽療法の場面は　どうしても緊張感が伴うんですけれども　それがもっと緊張感が和らいでですね（はい）リラックスして　演奏したり（はい）歌えたりしたら（はい）もっと効果が高まるんじゃないかなという気がしていますね
師岡：そうですね（ええ）もっとこう　解放的に（はい）声を出したり音を出したりできればいいと思いますね

⑸　症状の改善と変化過程　「よくなってきてるなとわかってきた」

A　：うつの　よくなる（うん）よくなり方が急激だったんですけれどもちょっと足の引っ張りと（うん）飲みこみは（うん）うつほど　早くないっていうか　徐々に　徐々に徐々によくなってきてるんですけれどもここにきて少しずつ　よくなってきてるなってわかってきましたんで（うん）私も非常にありがたいと思ってるんで（うん）

実践例は、私（師岡）の主観的記述よりも、クライエントその人の述べたことが大切と認めるゆえに、クライエントの表現そのものを紹介しました。

第6章 自己内コミュニケーションとセラピィの手がかり

I セラピィが展開・進展する3つの条件

師岡宏之

セラピィにおいて最も理想的なのは、セラピストの音楽表現力、セラピストの言語表現力、クライエントの心理的交流力の3つの諸条件が、正三角形になるようなバランスが保たれることです。

「セラピストの音楽表現力」は、セラピストのセラピィに関する知識ではなく、体験を積み重ねて得られる、実践智です。

「セラピストの言語表現力」も、セラピスト本人のもつ直観力や、その直観力を通して得たもろもろを言語化する力にもよりますが、これも実践を通して得られるもので、知的な借り物からのみでは、けしてクライエントの内面に届く表現力にはなりません。

「クライエントの心理的交流力」は、人間本来の内的成長力であって、これも生まれながらにもっているものを土台として、セラピストとの交流体験がなければ成長力にはなりがたいのです。

私（師岡）が強調したいことは、セラピストが本来もっている能力やクライ

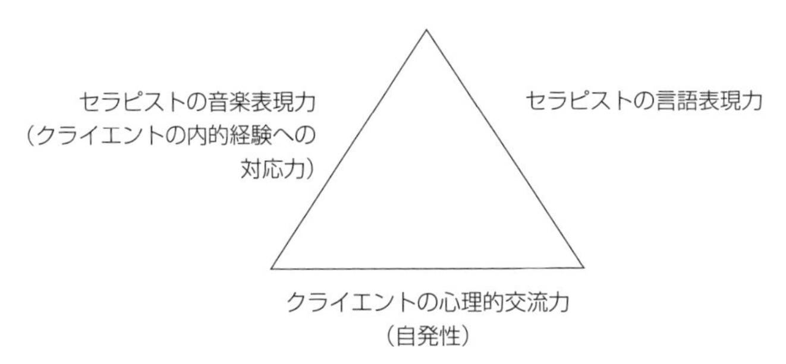

図6-1 クライエントの内的展開力を活性化する要素

エントの本来的な自発性が土台にあって、セラピィの経験を通してそれらが強化、推進されるというとらえ方です。すなわちセラピィとは、実践智であり同時に啓発力です。

このバランスは、立体的に立ち上がって円錐形になるのではなく、あくまでも正三角形を保つことが望ましいのです。時間の経過とともに正三角形が維持されるイメージです。また、時間の経過とともに個々の側面、或いは個人がよりはっきりしてくるので、自身がより明瞭に自分を感ずるので、他者をも感じとれるようになります。

以下に、これら3つについてやや詳細に紹介することにします。

私たち（師岡・小山）は、これら3つの土台を重視しつつ、同時にその場その時の自らの内面に起こる実践智（直観力）を重視しています。音楽に関して言えば、音楽そのものの影響力を引き出すのはミュージックセラピストです。例えば私たちは、ショパンのノクターンをＦさんというクライエントに継続して傾聴してもらいました。それをどう聴いたか（内面にどう響いたか）、その影響を言語化してもらうと同時に、セラピストもその場を共有している自分への音楽の影響力を土台としつつ、クライエントの言語表現を傾聴するのです。この時は、ほとんど理屈や知的解釈ではなく、新たに生まれた自己内経験を端的に、しかもクライエントの内面に起こるある変化へと対応するのです。

クライエントの内面に起こる変化とは、具体的には

(1)　音楽を聴くことによって起こる経験の核心、その影響性や促進性
(2)　その進展性、深化
(3)　覚醒体験（気づき）

等が中心ですが、この3つを並列的に言語表現するのではなくて、クライエントその人に最も強く影響しているところに対応する力が、セラピストには常に求められています。セラピストがどう応じるとクライエントの中核に届くかということは、理屈ではなくて、その場を共有したセラピスト自身の直観的対応なのです。

直観的対応は、まずセラピストの態度として、雰囲気として、クライエントに伝わることですが、それのみでは進展する方向性が生まれないのです。したがって私は、時間を10分程度に制限して、対談を行なっています。その対談の内容は、系統的にまとめるのではなくて、クライエントが経験した核心を直観して、セラピストの言語的な対応反応となるのです。

簡略に例を挙げると、音楽を傾聴したあとに、「演奏をお聴きになっていかがでしたか」と場面構成をします。そうすると、クライエントがあることを述べます。例えば、すばらしい曲で心に響きました、等の表現が多いのですが、心に強く響いたという反応では私は満足しません。“自分の曖昧さがとても気になった”とか、“自分の拒否感情が非常にはっきりした”等の、中核への対応が、クライエントの音楽を聴く力を深めると同時に、自分を味わうことにつながるのです。このところに関しては改めて、クライエントの自己内コミュニケーションとして考察したいと思います。

1　セラピストの言語表現について

セラピストは、生活場面で自分が何を感じているか、それをどう表現できるか（他者に伝えられるか）、自身の内部体験をより深めることにつながる表現活動——詩的表現、短文、セラピスト同士で声を出して伝え合う——などが大切であると思います。

短文に関しては、私（師岡）の場合は詩という形をとって表現することが多い。例えば、音楽表現者である小山さんに対して、その時感じたことを端的に伝えます。小山さんがそれを記録しておいて、短文集或いは詩集として作品化しています。詩という表現は、セラピスト自身がその詩にメロディーをつけたりして音楽化するのも有益と認めています。このようなことを、常に即興的に行なうことがセラピィに直結して、自己修練になると認めています。

常に、自然でいて、今起こっていること、同時に自己内に関して意識的、自覚的な活動をすることです。さらにそれを他者に伝えることです。できれば、それに自然に応じてくれる人がいることが望ましい。

このような日常の活動が土台となって、セラピィ場面の録画、もしくは録音した対話をくり返し聴くことが大切で、自身の表現力を感じ、内在している自身の創造性を引き出す体験をすることが大切なのです。自己に学び、より自己を引き出す場面を常に経験することです。

2　クライエントの心理的交流力について

セラピィ場面では、クライエントの本来もっているであろう交流力（自発性）がかなり萎縮されている状態である時点からのスタートとなります。そこでは、何らかの経験がきっかけとなって、萎縮し不安が増大し、極端に自発性が停滞していることが特色となっています。したがって、初期においては多くのセラピストが萎縮した状態をとらえて、臨床的な知識をもって対応するのですが、私の場合はそれは二次的なもので、一番大事にしているのは私自身の直観的了解体験です。セラピストが自身の直観的了解体験をもって対応することは、クライエントの萎縮した感情や否定感や現状の停滞感へ届いて、クライエント自ら自分自身を開く契機（きっかけ、手がかり）を得ているようです。セラピストの直観的了解体験による対応力がクライエントに届くと、安心するとか、わかってもらえるとか、ある期待が起こるとか、これらのことがクライエント自身の自発性の発動を促すのです。これが逆に、セラピストの臨床知の立場にたって臨床的特徴を並べて説明してみても、クライエントの自発性（自己進展力）は有効に発揮されるとは思われません。

私は、人は単独では自分自身の内的資源も成長力も、有益に強化されるとは認めていません。その有益という意味は、１つは持続的にということ、２つは深まるということ、３つは不安感の解消、という意です。したがってセラピストは、常にクライエントの自発性に着目しながら、クライエントの表面化した課題性をセラピストがとりのぞくのではなくて、クライエント自らが自分を再体験しながら（実感を伴いながら）とりのぞいていくという作業に協力するのです。人は自分の成長力（自発性）を自ら単独で強化することは、大きな困難を伴うとみています。

以下では、やや詳しくこのところに関しても述べてみたいと思います。

3　セラピストの音楽表現力について

私は、セラピストの音楽表現力のなかに、音楽選択力を含めて考えています。

曲の選択を始め、どの曲をどう表現するかを含めて、音楽表現力なのです。私は音楽療法を継続して、はや五十余年が過ぎました。その経験からすれば、この曲がこの症状にという選択の仕方は、意外と有効な選択の仕方ではありません。極端な言い方をすれば、そのような考え方をとることはセラピューティック（therapeutic）ではないのです。その根拠は、私たちの実践が教えてくれたところでもあります。選曲とか、その曲をどう弾くかは、まずセラピストがクライエントその人の内部経験を感じとることにつながる一連の作業なのです。今のクライエントが……だから○○の曲を△△のように演奏する、というつながりのなかで選曲があり、演奏法があるのです。

①　曲を構成する

私たちは、クライエントＦさんにはショパンの曲、例えばノクターンを始めから通して演奏し聴いてもらうということはしていません。ノクターンの曲の「ここから、ここまで」というような選び方です。例を挙げると、あるセッション（1回のセッション時間は、30～40分）でノクターン第19番を演奏した時は、1回目の演奏では〔33小節3拍目～47小節まで〕、2回目の演奏では〔31～44小節まで〕、3回目の演奏では〔8～22小節まで〕という選択でした。このように、時に原曲の小節順序を変えたり、同じ部分を重複して演奏したりしますが、それはクライエントの内的経験の流れに添うよう構成するのです。

その根拠は、来所したときの態度や顔色、呼吸感、その日の服装、髪型、表情等から、内面では○○のような葛藤を経験しているようだから、1回目の曲を聴いて明らかになった事実から、次の演奏の仕方を工夫します。さらに、○○のような変化が起こったから、この曲のこの部分を○○のように演奏する、というふうになるのです。その間に私たちは、3回の対談を実施します。1回の話合い時間は4～8分程度の長さです。その話合いの時間のなかで、クライエントの内的経験の核心を感じとり、感得するのです。2回目の演奏は、クライエントの表現から得た事実から、演奏法を決めます。3回目の演奏は、2回目の演奏のあとの対談によって明らかになったクライエントの経験の変化に即して、演奏法を変えていくのです。

②　核心に触れ、変化に即応する

セッションでの演奏の流れを簡略に述べれば以上のようなことですが、この一連の流れは、けして容易なものではありません。まず話し合うセラピストがクライエントの核心に触れられること、演奏者がクライエントの変化に即応した演奏力をもっていることが必須で、けして容易なことではありません。私たちはこのスタイルを確立するのに、クライエントＦさんの身体痛を緩和、或いは無くすということで始めて、ほぼ4年が経過しました。その実践の事実にたってこの章を書いています。

だから、実践の事実にたって、ものを書くということは、そう簡単なことではありませんし、方法として多くの読者に提供するためには、クライエントＢさん、Ｃさん、Ｄさんといった、クライエントの年齢やその特殊性や、内に潜む困難性を含めて考えると、最低10年は必要なのです。音楽の選曲、及びその演奏法についてはかなり時間を遣い、検証し、また実践をくり返し、新たな検証を加えながら、ということをしながらのことです。私たちは、実践の事実にたつというこの基盤を、最重視しているのです。

音楽をつかうのは、音楽力（音楽そのものの力でもあるし、演奏者その人の表現力でもある）のなかに含まれる促進力、啓発力、浄化力等を認めるからです。しかしこれらの作用力を、ミュージックセラピストの演奏力が左右するのです。私たちは、音楽演奏者と心理治療者とが何回も話し合いながら、しかも心理治療者がクライエントの経験にたって希望を添えたりもしているのです。

③　クライエントの内的経験の仕方

私たちはセラピィの展開のなかで、クライエントは自分を再体験していると認めて、このプロセスを「自己再体験過程」と呼んでいます。以下に、この過程の特色を簡略に述べてみたいと思います。

従来は、気づきとか自己洞察とかという、プロセスとしてとらえないで、ひとつの特色ある経験の仕方ととらえていました。しかし私たちは、プロセスとしてとらえるということが大切であると考えるようになったので、自己再体験過程ととらえるようになりました。自己再体験過程を簡略に述べると、以下の通りです。

(1)　自らの問題を中心に、自分を経験する段階
(2)　自分の内面の感情
（1拒否感　2攻撃感　3否定感　4底辺にある不安感　5劣等感　等）
を明瞭に感じる段階
(3)　新たな気持ちの流れの気づき

(1)(2)の特色を十分に再体験したあとで、ほぼすべてのクライエントは、「この自分で生きるしかない」という自覚にたって、新しく生きる自分をイメージした再体験をしている。一言でいえば、過去の自分のみじめさ、いやらしさ、不安の大きさを十分再体験したあとで、転換が起こるのです。

ある人は、「この自分で生きるしかない」と前を向く。またある人は、「非常にみじめでいやらしい自分だった」と悔い、自らを許して再出発へと向かうというところにたって、新しい自分を経験するのです。

これらを含めて、再体験過程なのです。要約すると、発展的三段階の過程が展開するのです。「自己再体験過程」とは、これらの総称です。

Ⅱ　自己再体験過程の特色

師岡宏之

従来は、セラピィ下でのクライエントの進展変化（前進）を考えるときには、自己洞察とか内省体験とかのことばでその推進力の契機をとらえていました。

しかしある研究会でのコメントを述べている時に、自己再体験ということばが浮かび、その表現が極めて有益であると思いました。その理由は、自己洞察とか内省体験などの自分を客体化して観るという考察だけでは、人は前進するとはいえない、という気づきからでした。もっと全自己を再体験すると表現したほうが、クライエントの進展や変化に即していると思えたからです。

さて、セラピィ下でのクライエントの自己再体験とは、自分を客体化し考察するところから出発することは間違いないのですが、自分を味わうという表現

ではやや不十分です。自分を丸ごとそのまま再体験するというのが、セラピィ下のクライエントを十分に表現しているように思います。即ち、自分の内面のさまざまな感情経験、或いはさまざまな葛藤、もしくは他者に対する長年の恨みつらみとして抱えてきた否定的な攻撃感等も、音楽療法士が演奏する音楽の力を得て、十分に自身を味わい、感じとり、そして何らかの推進力を得てある境地へと進むプロセスが即ち、自己再体験なのです。おぞましい自分も、苦しい自分も、想ってももう届かぬ人となった人への思いも、懺悔も、苦境にいる自分をも、また周辺の人々、家族関係をも含めて、音楽によって思い起こされるままに自身を味わい、深く鎮静し、自分を全体的に再体験しています。よって自己再体験という表現がふさわしいと思うのです。それゆえ一般的に言われる追体験とは、質も内容も異なるのです。追体験は、ある自分のある時期の回想体験です。自己再体験の中に含まれるものです。

1　セラピィ下におけるクライエントの自己再体験過程

音楽療法は、音楽の影響力――促進化作用、沈静化作用、触発的作用――等々を介して、クライエント、セラピストの両者が、心理的、身体機能的な交流をしながら、クライエントが自己再体験を経験します。その過程にセラピストがどうかかわるか、を問われる人間関係です。

古くから、音楽が脳機能へ働きかける作用があり、また身体生理的なところにおいても、驚異的な作用があることは、識者の研究やその紹介などによってもなされていました。しかしここではそのことについては、直接的に積極的には取り上げません。むしろ、セラピスト、クライエント関係下において生起する、クライエントの内的な自己再体験に焦点を当て、臨床的な所見を述べることを第一義としています。

さて、具体的に臨床体験をふまえながら記述してみましょう。

①　自己の内面の客観視

クライエントの自己再体験の過程は、自分が自分の内面に着目して、或いは音楽の影響力によって、自ずから自然に、内的経験に関心が向くようになるというのが、即興演奏による音楽療法の特色なのです。

自分の内面を感じとるということは、内面を対象化し、客観的に再体験できるようになるという意味です。自分の都合のいいように、或いはみたくないものをみないように、というような防衛的な、もしくは歪曲されたものでは、その意義は半減してしまいますので、ここでも音楽の効用が問われるでしょう。知らず知らずという言葉がありますが、クライエントが自然に直接自分の内面を味わうことが、セラピストとして願っていることです。

即ち自己の内面の客観視は、今までみなかったもの、認めなかったもの、或いはみえなかったもの、感じとれなかったもの等々が、音楽の作用を得て、或いはセラピストの全心身的なかかわりを得て、みえるようになるというところに、セラピィとしての意義があるのです。

この過程では、気持ちが落ち着き、言い訳（合理化）せずに自然に味わう、しかもある感情を伴って味わう、というところが大切なところなのです。

よって、精神的な安定と、薄々気づいていたことに明瞭に直面したり、もっと大切なことは、肯定的な感情体験を伴って、単なる知的な概念的な理解を超えたところに、深い意義があるのです。

そのことが基盤となってセラピストへの関心が積極的となり、肯定的になります。このことも、クライエントの心理的安定に加わるところに、もうひとつの意味、即ち関係性の成立が確かになるという意義もあるのです。

②　自己再体験の深まり

次に、自己再体験の深まりという視点からみてみると、再体験と同時にセラピストの在りよう、具体的には素直さ、誠実さ、純粋な関心、から発動するあるもの、音楽であり、間（ま）であり、身体表現であり、表情であり、というような、人間のもろもろの感覚的発動のもたらすものに触発される、ある種の信頼感を土台とした自己再体験を経験します。

大切なのは、自分への肯定的な視点が強化され、再体験領域が拡大されることです。それはイメージとか、ある忘れていた体験とか、自身の本音とかに、より積極的にかかわるようになるのです。

多くのクライエントは、自分自身の仮面を投げ棄てることができるようになります。例えば、『私は鎧を着ていた』とか、『私は笑顔の中で本音を隠して生きてきた』とか、より建設的であろうとする姿勢が強化されながら、同時にここでは深い浸透性として音楽が働きかけてきて、深い納得を得るのです。

予期不安からくる準備に追われてしまうことで安定を失っていた人が、『なんにも構えないほうがいいんですね』と、『準備をするとその準備が自然な人間関係を邪魔するんですね』とか、はっきり言語化できないまでも、なんとなく訪れてくるような感覚を味わっているところに、人の経験の仕方の特色がうかがえます。

しかしこうした文章にするほど明瞭ではないのです。これは熟達したセラピストが感じとっているクライエントの経験なのです。

③　自己の内面の主体化

次に生まれ出るのが、自己の内面の客観化から主体化の段階です。

主体化とは、今の自分と内面にある自己の融合体験*です。あるがままとか、今に生きるとか、そのような言葉が当てはまるところです。

＊　融合と統合の違いを下記に記します。
「融合」とは、異なる人の内部経験を共応的に味わい、その人を感ずるという体験です。相手の経験を、唯一の価値として認め、自身の感覚的対応を包み込むように味わうのです。それはクライエントの経験であり、セラピストにとどいた他者の経験です。
たいして統合体験とは、自分に響くもろもろの諸体験から味わった、経験の中心です。

ここでの音楽は、回想性を伴って鳴るバスドラムの音とか、単調な弦の響きに託される澄み切った感覚とか、雑念がない感覚、或いは管楽器の低音の音のもたらす余韻とかに象徴されます。しかしセラピストは同調的ではありますが、この響きのもつ深さに同化されずに、はっきりと自身の音楽を演奏できること、ひとつはリズム感の変化、メロディー構成音の構成を変えていって、ある種の感情の特色を表現することが大切になります。

コミュニケーションというものは、ひとつは今の味わいに共感を経験することです。他のひとつは、それとは異質の、透明な強い情動的響きのある音楽で応ずることが有益なのです。クライエントにとってはこの段階で自己再体験のワンクール、ひとつの流れとなります。即ち自己の内面を客観化し、情動を伴って気づき、安定を得て、自己を主体化するような内的経験を重ねます。今の自分を直視する力を得て、新しい生きる動機をはっきりと自覚的に経験します。そして情操的な浄化された感情体験を伴って、次の段階へと進むのです。

次の実践例５では、私たちが実践した臨床の中から、より具体的に且つクライエントの声に耳を傾けながら、より明瞭にしていこうと思います。

《実践例５》　初回の自己再体験

演奏後の対談は、単に感想をきくというのとは質が異なります。セラピィの場で音を出すという体験が、クライエントにとってどのような意味をもたらすのか、終えた時点では明瞭になっていません。ですがセラピストの言語による交流によって、クライエントの表現が生き生きしていきます。人の体験の奥深さは、対面する人によって広がっていく可能性を秘めているとも言えます。セラピストとの即興演奏という実践を経て、クライエントが主体的な自分を表現しつつ、次なる前進へのエネルギーが生まれたり、安定感を得たりするところ、具体的に触れていただきたいと思いますので、以下に初回の実践例を紹介します。

（下記アルファベット表記は、Ｔがクライエント、数字は各人の表現の通し番号です。）

Ｔさんとの音楽療法体験の後でのカウンセリング
――第１回目――

⑴　不思議な感じ

師岡１：では　はじめましょう　体験してみてのお話をきかせていただくと（はい）　いうことで　録音もさせていただきます（あ　はい）

Ｔ１　：まぁ　まず最初に感じたのがやっぱり　不思議な感じ（不思議な感じ）がしました　ずうーっと　やっぱり　今まで普通　世間からみて（うん）　普通の生活してきて　まぁ　こういう音楽療法　ああいうふうに楽器を好きなように叩いたりするのは　なかったからもあると思うんですけど（うん）　一番やっぱり不思議だと思ったのは（はい）やっぱり　あそこで　なんかこう言っちゃおかしいかもしれないんで

すけど　ああいう　俺より年上の人とか（うん）　ああいう　あの大きな太鼓とか　あとはシンバルとか叩いて（うん）　ああいうのを見ると　なんていうか　言葉に言い表せないような　なんかこう　もうただ　不思議っていうか　不思議……不思議……不思議……っていうか　こう奇妙っていうか（うーん）なんとも言えない　こう　くるものがありました（はあ　はあ）　まぁ　それを見て　まぁ木琴を叩いたんですけど　僕は（うん）　で　まぁ　ずーっと足が震えっぱなしだったんですけど（うーん　うん）　だけど　足は震えても　こう叩いているうちに（うん）　一応　一定のリズムで木琴を叩いたんですけども（はい）　その一定のリズムを聴いているうちに

師岡2：自分で表現して　その音を聴いていると

T2　：なんか　思い……別にそれまで全然考えていなかったような　あの生活リズム（はあ）みたいなのが　急に　ふっと　出てきて

師岡3：はい　生活のリズム　はい

T3　：ちゃんと　目覚まし時計の音で　朝起きて（はい）　で　いつもの時刻に電車に乗って（うん）で　時間割のある　学校へ行って　また同じ　決まった時間の電車で帰ってくる　っていうの　その道順っていうか　そういうのを　ずーっと思い出してました

師岡4：はあ　はあ　自分の生活が浮かび上がってきた　かなり　はっきりと浮かび上がってきたのね

T4　：はっきりと　もう　帰り道なんか（はあ）ずっと（はあ）　で　そういうことが最初に考えてて　そのあと　少し　木琴の　叩いている音階とかを変えたりとかしてると

師岡5：はあ　音階の変化をつなげだしたら

T5　：つけると　そういうのがなんか　今までの生活リズム　っていうのがなんかこう　みえなくって（うん）次にみえたのが　あの　自分ちの飼っている犬（はあ）　と　遊んでいる

師岡6：犬とたわむれている（そうです）　自身の姿が　浮かんできたようですね（はい）はい

T6　：まぁ　そういうものは滅多に　こう　感じない（滅多に感じない）も

のだと思うんで　まぁ　それも考えているなかで　やっぱりこう次々と　なんか（うん）映像みたいに（うん）もう　心の中に出てくるような（はあ）やっぱり不思議な

師岡7：はあ　心の中が　次々と　映像のように　はっきり浮かび出てきて

T7　：はい　そういうのは　体験したことなんて　あんまりないんで（はい）もうこれは　もう　不思議だな（うん　うん）そういうふうにさっきみたいに　木琴で叩いたりするのも　そういうことだし（はい）そういうふうに映像みたいな感覚で　頭の中で考えているっていうのも　そう滅多にないことだと思う

(2)　創造、工夫の過程

T8　：今日は来てから　ずーっと不思議　不思議っていうのも　なんかちょっと違う気がするんですけれども

師岡8：うーん　ご自身の　体験が　不思議という言葉では　言い切れない

T9　：言い切れない　不思議っていうわけでもなく　なんとなく　ああ　なるほどって（はあ）思ってるようなとこも　あるとは思うんですけれども（そうでした）で　まぁ　最初始まったのが　だいたい10時頃だったと思うんですけれども（そうでした）で　ここ来てみるといつの間にか30分になってて　ああ　いつの間に　っていうような感じではあったんですけれど

師岡9：時の流れが

T10　：流れが　もう速くて（はい）そんなに　俺の前の人のも　俺自身もそんなに長くやっていたとは　思わなかったんですけれども（うーん）まぁ一応二人だったんで15分　15分と　しても　いつも過ごしている15分とは　こうわけが違う（はあ）もう内容としても　時間が進むくらいにしても　いつもとは全然違う

師岡10：うん　時計の刻む15分とは

T11　：違うなぁと（はあ　はあ）あとは　あの　木琴叩いている最中にまぁ　他の先生だと思うんですけれども　太鼓とか叩いたり　あとバイオリン　横でやっていたり　ああいうのを聴くのも　最初緊張して

たのも　なんかああいうのを聴くと　なんか　こう落ち着くっていうか

師岡 11：一緒に

T12　：一緒にやると落ち着く（はあ　はあ）そんな感じもしました

師岡 12：相手の音が　自分を

T13　：なんか　支えてくれる　っていうような感じもしました

師岡 13：うん　うん　自分を支えてくれてるなぁっていう実感　はい

T14　：途中で　こう叩いているうちに　一定のリズムとかで叩いていると周りの先生方も飽きちゃわないかなぁ　とか思ったりもしていたんですけれど

師岡 14：それはなんか　変化をつけたくなるきっかけみたいですね

T15　：はい　それもあります　最初のほうは　さっき言ったみたいに　映像が出てきては　また消えたりしてたんですけれど　最後のほうになってくると　さてどうやって変化をつけようかなって考えちゃったりなんか　今の状況について　いろんなこと考えたりしていました　まぁ　最後　木琴を叩くのを終わりにするときになって　さて　どこでどう終わったらいいのかな（はあ）そういうことも考えてたし

師岡 15：うん　すべてが　自分の　頭と感情によって決められたようですね　ピアノの旋律が　自分のイメージに影響があったんでしょうか

T16　：あの　最初木琴叩いて感じたのは　あの木琴まぁ　ふたつ　ばちじゃない*　ああいうので叩いてみたところ　水滴みたいな感じが（水滴のような感じ）イメージしたんですけれども　はい　でそのあと　ピアノの方も加わっていただいて　そうするとなんかもう　自分の水滴のイメージにぴったりするような感じもあったんですけれど

＊　マレットのこと

師岡 16：ピアノの　旋律は　また音の響きは　自分の出している音のイメージに　ぴったりだなぁという感じが　うーん

T17　：あと　さらに　楽器の名前わかんないんですけれど　あの　金属の棒みたいなの吊るしてあって*（うん）まぁあれをやってくれた先生　あれも結構　ああこれも合うなぁと

＊　ツリーチャイムのこと

師岡17：ああこれも合うなぁと

(3)　私は支えられている

T18　：バイオリンとかは　まぁなんて言うか　途中短めに弾くとことかあったんですけれど　さて　あれは　なんか悪いんですけど　合ったとはいえないような気もするんです　まぁ全然合ってないっていうわけではないと思うんですけれど　まぁちょっとずれているかなぁーっていう気はしたり

師岡18：音的には

T19　：音的には　うん　あとさっきも言ったように金属の棒を吊るしたような楽器で（うん）　あの　最初のほうは　一番最初から最後のほうまで　こう　ずらーっというか　鳴らしてくれたんですけれども　途中から　2つ　2つだったかな　2つくらいで　チンチンって感じで2つくらい　あれも　まぁ　全然合ってないっていうわけではないんですけれど　なんとなく　イメージとは違うかな（はあ　はあ）っていう　そんな感じがしました

師岡19：うん　しかし　個々の　イメージには沿わないところがあっても　自分を支えてくれている

T20　：あ　そういうのは

師岡20：応援してくれているというところは　感じていたんですね

T21　：ずっとありました（ずっと）　最初から　最後まで　それはずっとありました（うん）　ピアノなんかも　ずーっと　もう途中から気にならないようなくらい　ぴったりっていう感じがして（はあ）　だからまぁ　太鼓をたたいてくれたりとか　バイオリン弾いてくれたりとかああいうのは　まぁ音のイメージとかは別にして　ずっとこう応援してくれている　っていうか（うん　うん）支えてくれているっていうのは　ずっと　ありました

(4) もやもやとしたあたたかで、さわやかな感じ

師岡21：はい　そういう　気持ちの支えと　音そのものが　自分に呼び起こすイメージとがはっきりあって　今ご自身は　何か浮かんでいるんでしょうか

T22　：今　自分自身としては　なんていうか　こう　やりとげた　っていう気持ちもあるし

師岡22：やりとげた　はい

T23　：やりとげた　っていう自信もあるし（うん）まぁ　今でも感じているんですけれども　不思議だなぁ　ともなんか違うような感じもあるし

師岡23：ある感情が持続しているの（はい）　うん　反面　やりとげたなっていう（そういう感じですね）喜び

T24　：喜びですね

師岡24：うん

T25　：うーん……あとは　なんともこう　説明しにくいような　もやもやとしたのがあるんですけれども（はーあ　はあ）まぁ　嫌なときに感じるような　もやもやとしたものではなくて

師岡25：ん？　もう一度

T26　：嫌なときに感じたような（はあはあ）不快感っていうんですか　ああいうもやもやっていうのとはちょっと違って（はあはあ）　イメージ的に表すと白っていうかピンクっていうか

師岡26：白というかピンクというか

T27　：なんかそんなイメージがあるような（ああ）もやもやっとした……別にあっても不快じゃないっていうか

師岡27：うん　重くもない

T28　：重くもない

師岡28：うん　自分の　なんか力になるような感じ？

T29　：そんな感じです　力になるっていうか　まぁ　なんて言うか……こうあったほうがいい

師岡29：ああ　そのもやもやは　あったほうがいい　うん

T30　：言葉に出すとそうなんですけれども　これまた説明しにくい　ような

感じなんですけれど　まぁ言葉みたいな感じになおすと　あったほうがいい　最近　あまり感じてないような

師岡30：自分の生活体験から　あまり得られなかった　なんか

T31　：なんか濃い　すがすがしい

師岡31：すがすがしい　うん　あたたかな

T32　：あたたかな　さわやかな（さわやかな）　そういうほめ言葉みたいなのが　全部あてはまるような（はあはあ）感じですね

師岡32：そういう　積極的な　肯定的な　言葉がみんなあてはまるような　もやもや（はい）そう

T33　：まぁ今としてはそれがまぁ　大部分

師岡33：それをききますと　生きるエネルギーに　等しいのかな　とも　私なりに感じてしまいますが　それはちょっと感じすぎですか

T34　：いや　十分だと思います

師岡34：そういう表現に変えても　全然　違和感は

T35　：全然　違和感はありません

師岡35：そう

T36　：ああそういわれると　確かにそういうのがあって（うん）生きていけるのかなあ（うんうん）……うん　そんな感じです　……やっぱり最近　まぁ自分の話なんですけれど（はい）　あの受験とかの手続きとかいろいろしているんですけれども（はい）　受験　試験を受けるんだったらいいんですけれども　その出願書とか　なんかそういうのいろいろ用意したりするんですけれども　そういう用意してると　なんかこう　気持ちが暗くなる（うん）やな気分になる（うん）　……中略……　でもそういうのちゃんとやって　大学行って　ちゃんとやりたい勉強もあるんで　それを　頑張りたいなぁ（はあはあ）　なんかますますこう大学に行きたいなぁ　そんな気分　です

師岡36：現実に　つながる　ある　明るさ　強さを　はっきり　感じるようなもやもやなんだなぁと思いましたけれども　うん

T37　：こうなんか　一気にテンションがなんか　あがってくるような

師岡37：自分のね（はい）　はあ　そう　かなり　表現しにくいところを　T

さんの言葉で　はっきり言葉にしていただいて　私も感銘深く聴きました

T38　：ありがとうございます

2　まとめ

自己再体験過程の特色をまとめると、以下のように要約することができるでしょう。

⑴　葛藤から安定化へ

⑵　安定化から、より深い内省へ
より深いとは、否定感、拒否感、攻撃感、という感情等々、自己内にうごめくさまざまな感情を味わい尽くす。

⑶　内省から気づきへ
よりどころの発見。それは自己信頼感と、特に故人（例えば、夫婦、親友、恩師とか）に対する親密感の強化、同時に尊敬感

これらの諸感情から、自分を肯定できるようになります。そして、「この自分で生きる」という主体性が確立するのです。

⑷　気づきから主体化へ
気づきとは、自己再体験の過程で起こる、自己を客体化して観て気づくことである。同時に気づきの対象となった自己をそのまま（ありのままに自分を肯定して）生きる力に育てていくには、自分を生きる主体として再体験することが起こらないと、主体化に至らない。
具体的には、嫌だとか駄目だと思う自分から、この自分で生きるほかない、と自分自身をそのまま生きる力にする（実感と実感に至る過程）、それを主体化という。この過程も、自己再体験過程に含まれる。

ここまで再体験過程について述べましたが、その先について触れます。

(5)　自己再体験と変わるということ

再体験を十分吟味していくと、未来に対して自分はどう生きるかが含まれる。その新しい生き方の展望が、再体験のあとにくる。それは観念的なものではなく、再体験で明瞭になったものを土台として、自分らしく生きるという、生き方の改革が起こるのである。

内面的には、拒否感、否定感が起こりにくくなり、自分の内面の整理がついて、新鮮な感受性を生かして、そこに立って個性的な生命活動を営みたいという願望が強まる。習慣的な思考、周りの評価を気にするという感じ方、或いは常識的に“これはこうだから”という内的な縛りつけから解放されて、自分の感じ方、いわば個性的な感受性に立った生き方をするようになる。

第二には、過去にとらわれないで、今自分ができることに集中するという、今の自分への集中というようなことが起こる。さらに、みずみずしい新鮮な感受性によって、人間関係やさまざまな事象との関係を構築していく生き方に変わる。

クライエントのさまざまな新体験を、（クライエント自身は）十分言語化することはできませんが、ここに述べたことが顕著に認められます。

Ⅲ　自己内コミュニケーション

師岡宏之

3　小山美保

私たちは、自己再体験を考察する過程で、人はすべて自己内コミュニケーションと私たちが呼ぶような自分の味わい方をしていることに気づきました。それをどのように整理し、どのように記述するかは、幾段階の試行錯誤を繰り返しました。そして現段階では、人の内部体験を自己内コミュニケーションというまとめ方で要約できると思えるようになりました。

人の感情の質を自己肯定感、自己否定感、それから良好性としてとらえる観方は従来からありましたし、肯定感の中身をより細分化すると、自己肯定——他者肯定、或いは自己肯定——他者否定とか、或いは否定感のほうには攻撃的否定感、拒否的否定感、両方向的否定感とに分けて整理されていました。

しかしセラピィの展開過程のなかでは感情を単純に分類するだけではなくて、それらの感情の特色がセラピィ下の体験ではどのようにかかわっているか、変化しているのかを、明瞭に感じとることがセラピストとして大切なのです。具体的にはセラピストをどう経験しているか、音楽療法士をどう経験しているか、どうかかわっているか、ということですが、クライエントの自己内の拒否感、肯定感、不安感といった感情的特色がどう変化し、どう展開するのかが明らかにされなければ、クライエント・セラピストの相互関係をより明瞭にとらえることはできません。

1　展開過程について

展開過程の始め、自己否定期においては、クライエントはまず自分をだめとみて否定し、他者も嫌な人として経験しているので、相互関係（社会の人間関係、生活下）においても、だめ、いや、きらい、という拒否感情が強まって経験されます。よってセラピィの第一段階の「葛藤から安定へ」というプロセスが生まれるのです。即ち安定という経験の特色は、攻撃感、拒否感の軽減による自己否定感の解消を伴い、自分自身も安定へと向かうのです。

さらに人は、安定したようにみえても生活のある事実に直面すると再び疑惑が生まれ、拒否感、否定感が再び強化されて、不安定に自己を再体験します。そこに音楽の力が働いて、同時にセラピストのある感化的影響力をも肯定的に受けとめられれば、再び安定化へと進展します。クライエントはこうした安定、疑惑をくり返しながら、自己を再体験しているのです。セラピィにおいてよく、クライエントの感情体験を明瞭にすること、と言われるひとつの根拠はここにあります。このような苦い自己再体験をくり返しながら、人は少しずつ、ありたい自分に向かって進みだすのです。

さらに自己肯定感が強化されて自分を味わうと、『新鮮な自分に出逢う』とクライエントが自ら述べるように、新しい自分を味わうという段階が訪れるのです。あの人はきらい、この人はいい人、とは、自分の内面の感情が拒否的に働く、肯定的に働くというように、内部の感情が決めるのです。

あるクライエントは故人に対して、非常に肯定する、尊敬できる人だという表現をすることが多かったのですが、それは自分の内面での拒否感、攻撃感の減少がそのような肯定感を伴う表現を生み出しています。このように自己内の感情経験の質的変化*なしに他者を肯定するということはできないのです。

* 以下に、セラピィ過程で起こる展開、転換、飛躍の意味するところの違いを記します。
「展開」とは、あるプロセスの中でのひとつの質的変化を伴う前進です。
「感情の質的変化」とは、転換を意味します。
「飛躍」とは、前進的意欲が起こって、それが自分自身の情動を含めたもろもろの肯定的感情に働く。生活場面での前進的転換です。

そして自己内における感情の質的変化が起こらなければ、人は如何なるセラピストと出逢っても、自分を展開的に味わうことはできないでしょう。自己内の感情経験が否定感から肯定感へ、肯定感からより自己主体化へ進むプロセスで、真の心理的交流関係が展開すると私（師岡）は認めています。極端な言い方をすると、クライエントの内面の拒否感、攻撃感、否定感、劣等感、不安感という負の感情の浄化なしに、建設的、積極的な自己再体験はできないと私は認めています。

2　セラピィの過程を味わうということ

セラピストが過程を観るとか感じとるとは、単純な作業ではありません。経験豊富な、しかも言語化が正確にできる人とともに味わいながら、だんだんと相手を感ずることを通して自分の力（対応力）に変えていくのです。

さらにセラピィの過程を記述し味わう（自分の体験とする）には、私たちは以下のようにしています。

セラピィの事実を綿密に、実践の場の雰囲気や人の位置関係、クライエントとの交流、対談の緊張感、クライエントの自己再体験の葛藤のくり返し等々、その事実を詳細に記述することは困難です。

私たちは、ワンセッションの時間の系列軸を縦軸にして、10分ごとに箇条書きで、自分が感じとったクライエントを、その時の交流感とともに記述します。それをまとめて、その日の実践記録を書く、というようなことをしています。そしてさらに、その日のセッションの所見（際立った特色）とともに、クライエントが内部経験として味わったであろう気持ちとその流れを記録することを常に実践しながら——例えばクライエント論とか、セラピスト論とか、自己再体験論とかという——テーマでまとめるようにしています。このような日頃の作業なしには、わかるということ、伝えるということの力は育たないと思います。

また即興でクライエントの再体験に即した詩を書くとか、その時にメロディーをつけるとか、という作業も大切にしたいと思っています。

3　創作曲　『風よ吹け』『風が吹く』

ここに紹介するのは、クライエントFさんとの音楽療法の過程で生まれた曲です。曲を創作するのは、既成曲ではクライエントの内面にぴったりするものが見当たらない時や、セラピィ後の味わいが、ことばやメロディーとなって浮かんでくる時です。師岡先生は「音を身体化する」と言います。

セッション時に演奏しクライエントに聴いてもらうと、メロディー化したことばはクライエントの内面の情感を触発し、覚醒感を伴って響くようで、実感的な言語表現が多くなりました。

下記の曲は、『風　四部作』として４曲で一連のまとまりになっています。ここでは１曲目と４曲目を紹介します。それぞれに物語性がありますが、間の２、３曲目の心の旅路も想像しながら味わってみてください。

①　創作曲　『風よ吹け（一）』

吹きすさぶ　北風を
寒いと思うときがある
吹く風が　心の憂いを吹き飛ばし
心洗われるときもある
すべては　受けとめる人次第

ヒューラ～　ヒューラ～
風の音が聞こえる

意味のない　風の音
意味をみつけたい
人のこころ

ヒューラ〜　ヒューラ〜
風よ吹け
凍てつく風ほど
響くもの

風よ吹け（一）

作詞・作曲　師岡宏之・小山美保

＊　後奏は、その場面の雰囲気、即ちクライエントの内的経験にそって即興演奏する。

②　『風よ吹け（一）』　創作の由来

クライエントＦさんの頭痛の解消のあとで、突風が吹き去るような感じがしたので、気持ちおもむくままに師岡先生が述べた即興詩でした。『風はどんなイメージの音になる？』ときかれて小山が即興で弾いたところ、それが前奏となりメロディーが生まれ曲になっていきました。

これをセッション中にクライエントに伝え、演奏したところ、クライエントは若干神妙な面持ちで、すべてのことばを吸収するが如く傾聴していました。終わるとただ一言、『いいですねぇ……』と言いました。

③　創作曲『風が吹く（四）』

わたしたちは　ことばの詩人から
音の聖者へと育ってゆく
音のポエムは　哀感（かなしみ）
ことばのポエムは　実感と理論
どこかでつながりそうで
つながらない　もどかしさ
いつもそんなものを
抱えて生きるわたしたち

風よ　吹いて
わたしたちを洗え
わたしたちを流して
そして　音だけ残して

心の迷いに　風が吹く
なぜなら風は　哀（あい）の風
風は　無常を流し　心を浄める
詩（うた）の風　旋律（おと）の風

風が吹く　風が吹く

④　セッションでの展開

セッションではこの曲を演奏した後続けて、リスト作曲『愛の夢　第3番』の冒頭部分を演奏しました。風は心の流れでもあり、常に変化していく、それは人の心の哀しみ秘めたあたたかみを運ぶ、といったようなイメージが重なったからです。クラシックの曲も、時にこのように主題性を重視し、抜粋して使います。クライエントは始め驚いたようですが、『違和感ありませんね』と音楽に対しての自身の縛り（クラシック音楽はきちんと聴かなくてはいけない、しかも始めから終わりまで通して、といったようなもの）に気づき、幼少期の自分の再体験へ

風が吹く（四）

原作　師岡宏之・補作　小山美保

B♭m　Fm　B♭m　D♭
したちを　あらえ　わた　したちを　ながし　て　そし
Gdim　C9　Fm
て　おと　だ　け　のこし　て　ここ
C
Fm　D♭7　Gdim　C
ろの　まよ　いに　かぜ　が　ふ　く　なぜ
Fm　B♭m　Gdim　C
なら　かぜ　は　あい　の　かーー　ぜ　かぜ
Fm　D♭　Gdim　C
は　むじょ　うを　なが　し　ここ
Fm　D♭　C　C7　B♭m
ろを　きよめ　る　うた　の　か
C　B♭m　C　Fm
ぜ　おと　の　か　ぜ
D
かぜがふく
Fm　D♭　C7　Fm
かぜ　が　ふ　く

と展開しました。

セラピストの創造性は意外性として受けとめられ、クライエントは自身のとらわれから脱却するようです。

Ⅳ　要約

⑴　セラピィが展開、進展する３つの条件

⑵　再体験過程

⑶　自己内コミュニケーション

を要約して記述しました。

これらの項目は、音楽療法論においてはあまり触れられていませんが、クライエントの経験をどう考察するか、或いはその過程をどうとらえるか、そもそも個人はいかにして自分を味わい感じているか、という基本のところを抜きにして、セラピィ論は成り立ちません。ここでは私たちの考え方を紹介しました。

また実践の例として、セラピィの中で私たちが即興的に書いた詩やそのメロディーを添えてみました。

第7章　私たちの成長体験

以上、各論を終わるにあたり、私たちの成長体験を紹介します。

成長体験は、クライエントだけに起こるのではありません。セラピストとして対面する自身が、自分の成長体験を明瞭に自覚することは大切である、と考えています。

1　恩師との事例検討

私（師岡）の場合は、ひとりの恩師と事例検討を繰り返しました。セラピィをした数時間あとに、その恩師と自己の経験の再体験をしました。自分の着眼力がそれによってだんだんと拡がると同時に、深さが生まれていきました。感得力の増大、表現力の増大、感じ応ずるという一連の流れが、ケース検討を通してだんだんと自分に出来つつあることを実感することが出来ました。自身が実践において全く予期しない変化をクライエントがして、その体験から着眼点の変化が生まれ、集中の持続力が生まれるというように、自身の気持ちが醸成されていきました。

2　自身のケース検討の体験——録画を観る、録音を聴く——

セラピィの時間的推移の中での内容が把握できる録音の検討からは、自分の聴く能力、伝える能力を養うことができます。繰り返し繰り返し、聴いたり観たりすることで、そういうことが起こります。しかしスーパーバイザーの存在は、絶対必要です。直接的な事例研究ではなくて、ある時、因果関係なしにふっと浮かぶ、この思いつきが自分を劇的に成長させることを経験しました。同僚とのケースについての話合いにおいては、話すことで、また相手の言うことを聴くことで、再体験が深まる。自分のみえる範囲が拡大していくのです。

3　自然にふれる

木や石を観ると「在る」ということと「生きる」ということの過程を直観します。自然にふれるというのは、生命の風にふれることでエネルギー感を味わうことです。私は木々や石、川の流れを観るのを好みます。そこに哀を感じ、人とかかわる力を得る。これもセラピストとして大切な体験と認めています。

4　音楽を聴く

音楽を聴くというのは、音のつながりが生み出す表現者の意図と、その音楽の底流に流れる哀感を聴きとることです。すべての音楽には、底辺に哀感が流れています。この哀感の共有が、セラピィにおいてはクライエント、セラピストの強力なつながりなのです。

音楽を聴いて、自分の内面に起こる変化はもちろんあります。それを明確に言語化することは、自分の再体験に重要なことは間違いありませんが、共有感——クライエント、セラピストという関係感——を生み出すのは、底流にある哀感なのです。

師岡先生に、「あなたも自分の経験を書きなさい」と言われて、小山の研修体験を以下に記述します。

5　相互交流を経て再体験する

研修体験としてひとつは、スーパーバイザーである師岡先生と一緒にセラピィ実践をすることです。加えて、その日のうちに話し合いがあることです。その話し合いは、「質疑応答にしましょう」と言われるときもありますが、始めに師岡先生から、その日のポイント（関係感の変化等）について着眼が示されることもあります。その場合は、自分の観方との差異に気づかされ、セラピィ体験の意味が深まります。

話合いとは別にセラピィ直後、師岡先生から１～２言で短く何か伝えられることもあります。その時間の中核に通じるものや、自身の実践姿勢（多くは課題的な事柄）につながるもので、その後の時間に生きていきます。そして１日のセラピィを通して、自身の着目や感じ方、動きがセッションを経るたびに変わる、その時セラピストとしての成長体験をしているとも言えます。

ケースをまとめる時には、師岡先生の各セッションごとの端的な一言は、1回ごとのポイントだけではなく、クライエントにとってのある過程の流れを示唆していることに気づかされ、驚くこともあります。そのことばを中心に過程を見なおしてみると、内的変化の段階が明確になります。

もうひとつは、勉強会でケース検討する機会です。ミュージックセラピィ研究会で行っている勉強会で、録画や録音を再び観たり聴いたりしながら、他の参加者の方々の眼を通して場面を再体験することは意義が深いと感じます。師岡先生や皆さんと検討していくと、セッション最中には感じられなかった気づきが生まれます。同時にそれを言語表現し交流をすることで、その場面で自分は何を経験していたかを土台に、さまざまなことが明らかになります。それは、自身の視点が新しく生まれると言ってもいい体験です。

自分ひとりで録画を観たり録音を聴いたりする時は、自身の感情に左右されるような観方、聴き方となりますが、勉強会での経験は着眼の拡大とともに、セッション最中の時と、勉強会の場で見直している時との、自身の気持ちの動きの明瞭感が異なってくるのが、不思議なところです。交流による再体験で新しい自分になるという、感じ方の転換が起こるようです。

学習には知識を理解することと、相互交流を通した気づきで自分が変わっていく、という体験過程の違いがありますが、セラピストの研修体験としてどちらが主になるのか、大きな岐路であると感じます。

6　「頭で整理しない」

セラピィ経験が浅い時期には、積み上げていく学習をしようとする心の動きがあるようです。それは、このままの自分でいい、と心底思えない自身の弱さからくるものと感じます。師岡先生に言われたことをそのまま、『○○の場合は△△の対応になるんですね』と返したとき、「頭で整理しない。理論化しようとしない」と言われました。

セラピィはその場での即時的な動きが大切で、この場合はこういう道筋は、直観を鈍らせることになってしまうことに気づきました。師岡先生は「(言われたことは）明日になったら全部忘れなさい」とも言いました。

対処法を理解しようとするのではなく、あくまでもその場での交流感から感じとっていくところが基盤となることを学びました。師岡先生の言語表現に触れながら、セラピィとは移り変わっていく関係感が土台であることを、折々に自覚します。

7　師匠（スーパーバイザー）と創作的な協働作業をする

既成曲ではクライエントの内面にぴったりする楽曲がなかなか見つからないときがあります。師岡先生はそういう時に「曲をつくりなさい」と言います。自身で作曲したものを師岡先生にみて（聴いて）もらう形で100曲ほどになったとき、セッションでクライエントにテープ録音で聴いてもらったことがありました。クライエントは、『聞いたことがない曲だけれど、なんか懐かしい感じがする』と言いました。私にとって自身の底辺にある個有な感情が音になったと思っていたので、クライエントと共有できる要素があったことに驚きました。師岡先生は「今ここで、作曲者と聴いた人の間で交流が起こっていると認めます」と言われました。セラピスト独自の表現は、クライエントに感覚的に受け容れられ、時に新鮮さをもたらす体験となることがわかりました。

師岡先生は「今度は歌詞をつけなさい」と言いました。「歌詞をつけると、感情がはっきりするから」ですがことばにしようとすると、嘆きやあきらめ等今の感情表現をするところでとどまってしまいました。その感情を、どのように味わって転換していくのかが大切であるのに、そのような展開が生まれず、自身の表現には限界を感じました。

そこでようやく「じゃあ僕が詩をつくろう」ということで師岡先生から歌詞をもらい、メロディーを作曲するという協働作業をさせてもらえるようになりました。ですがこれも「僕が浮かぶメロディーと違うねぇ」と言われてしまい、再び行き詰ってしまいました。「大事なのは、哀感なんだよ、その味わいをメロディーにする」と言われましたが、浮かびません。創作を続けていくうちに、だんだんとメロディーの一部を、「ここはいいね」と認めてもらえるようになりました。そのようにして徐々に一曲を通してある雰囲気が出来上がるようになりました。

師岡先生の表現は、時に詩的なことばになります。そのような表現に魅力を感じその場で書き留めていたら「歌にしよう」と言われ、師岡先生が歌い私が楽譜にする、という協働作業になりました。この時、それまでの学習過程から得た音楽的な知識に基づいた固定観念が覆されて、自身の音楽性も拡大されたように思います。

ひとりでの創作には限りがあります。それはさまざまに感じとる感性の深さ（師岡先生のことばでは「感情の成熟」）が師匠とは異なるからと思います。協働作業では、師匠のことばや旋律の抑揚、既成の音楽美にとらわれない曲の構成等から、触発を受けました。

これらは、クライエントと対面したときに、その方の感情体験を自分なりに感じとり、内的な流れとして味わう、というところに生かされているように感じます。同時に音表現、言語的表現においても、場面を展開させていく力につながっていくようです。

日常生活では、見て感じるものは今までと同じでも、味わい方が変わっていく自分を感じることが多くなりました。師岡先生には、「美しいものにふれなさい」と言われましたが、朝日の色合いは毎日違うという当たり前のことに気づき見入ったり、空の模様や木々の緑、風が木立を吹き抜けていく葉擦れの音に心動かされるとき、感性が生き生きする心地と同時に、自然界の循環のなかに生きるということを感じるようになりました。そのような時「きれいだなぁと思うものには、必ず哀がある。だから美しいんだよ」という師岡先生のことばが浮かびます。

＊　書いてから数年が経ち、短くしようかと思ったのですが、師岡先生に「その時生まれたものを大事にしなさい」と言われ、書き直すのをやめ、記述当時の表現そのままにいたしました。

あとがき

到達できないものへのあこがれ

——実践の目的——

本書は、私たちの実践に際しての考え方、及びクライエントの経験過程、即ち「自己再体験」の過程がどのようにして起こり進展するか等、実際に音楽療法をするうえで基本となることを取り上げました。

しかしながら私たちは、グループ（複数人で）の歌唱、しかも集団での歌唱等については直接行っていませんので、その分野についての記述はありません。ですがあとがきに際し、その部分についての私たちの考え方を若干紹介すると、以下のようになります。

集団での音楽歌唱においても、歌う人たちは歌詞やその曲のメロディーの特色に応じた「自己再体験」を瞬間、即時的にすることを認めています。過去の私たちの実践したグループ音楽療法（高齢者）の体験に基づいて述べれば、その歌唱曲のもつメロディー感やことばによって、「自己再体験」をしていることを認められました。その中心は追想的、或いはある歌詞によって起こった自分の部分的な再体験であるという特色があります。したがって、促進的展開は起こりにくく回想的「自己再体験」となって、音楽作用が継続して長い影響を伴っていない*ので、人格的な転換というところには至らない限界を認めざるを得ません。したがって、同一グループで回数を重ねてなされることを希望します。

＊ 日常生活での数日間の気分停滞の改善や、一時的な安定感、食欲が増し口数が増える等の変化は認められます。

時には集団を５～６人単位に分けて、そのメンバーに共通して望まれる歌を選曲して、回数を続けることの重要性を師岡は認めています。そのような試みをすることで、「再体験」の継続性が生まれ、ある種の人柄の変化、生き方の変化等が生まれることが期待できます。

音楽療法の本質は、セラピスト、クライエント両者間の心理的相互交流感の形成にあります。その過程において、クライエントに生起する「自己再体験」過程において、人は自己をより自分がありたい方向へと進展するのです。この推進力（成長力）は人間の本質即ち、よりよく生きたいというエネルギーを含む動機性にあります。セラピストはその、人間のもつ動機性に着目しつつ、尚且つ音楽のもつ安定、沈静、促進、浄化作用を同時に重視して、そのクライエントにもっともふさわしい場面を選定して、心理療法的音楽療法を行うことの意義を認め、本書を公にするに至りました。

さて、このようなあとがきを書きながら、改めて音楽療法はその人の一回性体験を重視するのか、時間を継続した人格転換、もしくは抱えている症状の除去、或いは問題性の解決を目指すのかによって、どのような音楽療法を選択するのか、という現実的な問題があることを認めています。私たちは、その人のもつ問題性解決を主題としていますので、本書に述べたようなもろもろのことが重視されることになります。

日常の実践を担ったクライエントの皆様に、謝意を申し上げます。と同時に、今は亡き山松質文先生、遠藤勉先生に感謝申し上げます。今は亡き私たちの同僚のセラピスト高島恭子さんにも、感謝とともに本書を贈ります。なお私たちの長い実践の歴史の中で、その折々に協力してくれた演奏家の皆様にも、本書のあとがきを借りて謝意を届けたいと思います。本書執筆にあたって協働執筆者である小山美保さんの編集、校正等を含めた執筆の労に対して、師岡より感謝を表したいと思います。

追記１　本書において、幼児、学童等のケースも取り上げましたが、この年代の人々にとっての「自己再体験」の言語化は、成人ほど明瞭にできませんので、態度及び場面での表現の変化等を取り上げて記述しました。ですが、これらの年代の人々にとっても、無自覚的な（明瞭に言語化できない）「自己再体験」は生まれていることが認められます。それは親の表現“最近変わった”とか、或いは行動の変化として認められます。この年代の人々に対して無理な言語的表現を求めることは、好ましくないことを付け加えます。

一方で、障害があるため言語表現に限界がある（と思われている）人々にも、再体験は起こります。本書で紹介した「身体言語」（参照「第４章　Ⅱ」）を通してそれらを感ずることが容易になりますが、多くの養護学校で経験している教師たちが、相手の体験を言語化するという視点と、相互の交流関係感（言語表現を含めて）をもてない現状を変えるきっかけになればと思います。

追記 2　私たちの考え方の中心には、クライエントとの対談がないものは音楽遊びであり、療法とは言えない、ということがあります。なぜクライエントとの対談がないと療法と言えないのか、まず過程（プロセス）が明確になりません。セラピィにおいては、クライエントの経験がどのように変わっていくかが過程となりますが、どのような体験をしたのかが明瞭にならないと、過程が生まれたとは言えません。同時に、その過程はセラピスト側からだけでは主観的な観方となり、不十分です。対談があって初めて客観的となるのです。

音楽療法に希望を抱いている皆さんへ

心理療法下における即興演奏は、以下のような気持ちで実際場面を経験しながら、音楽をつくっていくことが望ましいと考えています。

まずクライエントの気持ちに添うこと、よってそれはある種の和音が決め手になって、例えば　Dm－F－G7　というような展開が予測出来たら、即演奏すればいいのです。そして弾きながら、和音の進行を変えていくのです。その時に和声学的な制約（ルール）にとらわれなくていいのです。メロディックに進行すれば、和音のつながりはそれなりの意味を表現しますので、そのメロディーに賭けることです。

和音として弾くのと、その構成音をメロディックに弾くのとは違うのです。始めから整った和音をつくらなくていいのです。

とにかく、音を出す。その次は、ある和音を、雰囲気を、利用する。そのあとは、思いきって自分の演奏をする。それは独特の哀感を伴ったメロディーとなるでしょう。

哀感こそが、命の交流なのです。

2022年7月

小山美保
師岡宏之

著者紹介

小山 美保（おやま　みほ）

師岡カウンセリング研究所にて、カウンセリング、及び音楽療法の研修を続けながら、Humanistic Music Therapy 研究所（神奈川県南足柄市岩原 642-13）で、音楽療法とカウンセリングを行っている。

師岡 宏之（もろおか　ひろゆき）

師岡カウンセリング研究所（茨城県日立市滑川町 3-6-39）で、心理カウンセラーとしてセラピィをすると同時に、後輩たちのスーパーバイザーをつとめる。

師岡カウンセリング研究所の活動：いろいろな人が、それぞれの問題解決のために来所されます（それぞれの症状については、多様であり個人の特定につながる恐れもありますので明記することは避けます）。ほぼ数回のカウンセリング、及び音楽療法によって問題の核心は解決します。但し長い時間かけて形成された症状の改善には時間がかかることがあります。

主要著書

『音楽療法とヒューマニティ』編著、音楽之友社、1999 年。

『心理治療としての音楽療法』編著、音楽之友社、2001 年。

『関係の創造』高島恭子との共編著、師岡カウンセリング研究所紀要、2013 年。

『関係の創造を目指して』石村真紀との共著、晃洋書房、2017 年。

人と人との関係

音楽療法　実践論

——心の傷み・身体痛に届く音楽——

2022年11月20日　初版第１刷発行　　＊定価はカバーに表示してあります

著　者　小　山　美　保 ©
　　　　師　岡　宏　之

発行者　萩　原　淳　平

印刷者　田　中　雅　博

発行所　株式会社　晃　洋　書　房

〒615-0026　京都市右京区西院北矢掛町７番地

電話　075(312)0788番(代)

振替口座　01040-6-32280

装丁　野田和浩　　印刷・製本　創栄図書印刷㈱

ISBN 978-4-7710-3687-1